개천의 용,
공정한 교육은
가능한가

사회적
교육정책을 위한
경험적 소론

개천의 용,
공정한 교육은
가능한가

박성수
지음

이 땅의 교육 혁신을 고민해야 하는 지역대학의 총장에게 저자가 펼치는 논지는 진한 에스프레소처럼 향기로우면서도 한편 쓰디쓴 맛으로 다가왔다.

이 책은 입시 문제를 비롯하여 대학교육에 대해 많은 사람들이 고민해온 주제들이 망라되어 있다. 다소 무거울 수밖에 없는 교육개혁의 소주제들을 다루면서, 교육현장에서 보고 느낀 현상들을 중심으로 설득력 있는 메시지를 던져주고 있다.

학사제도 개혁을 통한 대학 혁신은 과연 가능할까? '미네르바 스쿨은 우리 땅에서 불가능하다'는 저자의 외침은 안타깝기만 하다. 시대에 못 미치는 많은 규제의 철폐를 다시 생각하게 한다. 아울러 콩나물시루에 물주기 방식으로 이루어지는 기존의 대학 재정지원 사업으로는 결코 빠른 시간 안에 대학 혁신을 가져올 수 없다고 주장한다.

'대학을 믿고 과감하고 획기적인 투자를 해야 한다'는 저자의 확신에 기꺼이 한 표를 던진다. 학생 등록금에 의존하지 않도록 고등교육 재정을 강화하여 지방 국립대를 크게 발전시켜야 한다는 전략과 학점당 등록금제, 국립대학 무상화, 고등교육 교부금제도 등 모두 진지하게 고민해야만

하는 주제들이다.

대학입시에 대한 저자의 생각은 우리가 어떤 인재를 키워야 하는지 다시 생각하게 한다. 그의 설명대로 삼성전자 임원 중 SKY 출신이 20% 수준에 머무르고 있음을 안다면, 초중등 교육과정과 대학입시 방식은 바뀌어야 한다. 대학을 줄 세우는 변별력만 중시하는 수능시험으로는 결코 대한민국의 미래사회가 요구하는 인재를 만들어낼 수 없다.

분명한 것은 이 책이 대한민국 교육개혁을 위한 무거운 주제들을 휘저으며 실마리를 푸는 역할을 한다는 점이다. 저자의 바람처럼 교육 혁신을 통한 국가 경쟁력 강화가 당면 과제가 되고, 더불어 희망찬 사회가 조속히 다가오기를 소망한다. 4차 산업혁명과 코로나19로 교육의 뉴노멀이 필요한 시점에서, 저자의 대안들이 대한민국의 새로운 교육 패러다임을 제시하는 길라잡이가 될 것으로 확신한다.

2021년, 건지벌에서

김동원(전북대학교 총장)

'가붕개(가재·붕어·개구리)'니 '개천의 용'이니 하는 말들이 교육에 대한 사회적 쟁점을 논의할 때 사용되곤 합니다. '개천의 용'이라는 말은 어려운 사회경제적 배경에도 계층 상승을 위한 통로가 제대로 작동해야 한다는 것을 뜻합니다. '바다의 용'은 탁월한 사회경제적 배경을 바탕으로 엘리트 반열에 들게 된 경우라고 할 수 있습니다. 모두가 용이 될 수 없으니 '행복한 가붕개'라는 말도 있습니다.

가재든 용이든 각자의 소질과 능력에 따라 성공할 수 있는 공정한 기회를 갖는 것이 바람직한 교육제도이고, 이를 위해 공적인 노력을 하는 것이 국가의 책무일 것입니다. 이러한 국가의 책무를 미력하나마 담당해온 교육부 공무원으로서 정책 현장에서 부딪히고 고민해온 몇 가지 주제들을 독자들과 공유하고자 합니다.

아직 공부가 부족하여 교육에 대한 사회철학적 담론을 제시하지는 못하지만 막연하게나마 '사회적 교육정책'이라는 주제를 고민하고 있습니다. 사회적 교육정책은 '경쟁은 인정하되 그 경쟁이 유의미한 지적인 경쟁이 되어야 하고, 그 결과가 우리 사회의 발전에 기여할 수 있도록 경쟁을 유도하고 관리하는 교육정책'으로 정의하고자 합니다. 교육경쟁을 통해 국가 경쟁력이 향상되고 사회적 형평성이 촉진되며 개개인의 민주적·사회적 품성이 함양된다면 우리 헌법적 가치를 실현하는 좋은 교육이라고 할 수 있습니다. 이 책은 이런 탐색 과정의 첫발이 될 것입니다.

이 책에서 다루는 내용들은 교육부 학생복지정책과장, 진로교육과장, 학술장학정책관, 국립대학교 사무국장, 해외 직무연수 동안의 직·간접적인 경험을 토대로 하고 있습니다. 직접적인 정책 경험에서 나오는 생생함이 있으나 한편으로는 다루는 주제가 제한적인 한계도 있습니다.

일단 정리는 하였으나 무지와 무경험의 바닥이 어딘지 모를 정도로 부끄러울 뿐입니다. 많은 분이 '우리 교육을 위한 마법의 방망이를 찾았다'고 주장하고 있지만 아직까지 만족할 만한 정책은 나오지 못하고 있습니다. 그런 면에서 교육에 대해 글을 쓴다는 것이 매우 조심스러우나 그럼에도 이 책을 내놓는 이유는 그간의 경험과 자료를 많은 분들과 공유하는 것이 우리 교육을 바라보는 데 조금이나마 도움이 될 수 있다는 작은 소망 때문입니다.

이런 작은 생각들이 영그는 데는 미국 트럼불 교육청(Trumbull Public Schools)에서의 직무연수가 큰 도움을 주었습니다. 연수 중 학교 교육에 대한 많은 토론을 통해 미국 공교육 시스템을 이해하는 데 큰 도움을 준 씨알피 교육감(Dr. Gary A. Cialfi. Superintendent)에게 감사드립니다.

한국교원대학교 교육정책전문대학원은 우리나라 교육정책에 대한 토론과 비판적 생각을 할 수 있는 좋은 요람이었습니다. 특히 교육정책강학회의 엄기형 지도교수님, 김인희 교수님, 김경용 교수님과 김재훈 박사님, 이동갑 박사님 등 모두에게 감사의 말씀을 드립니다.

이도경 〈국민일보〉 교육전문 기자님의 날카로운 비평으로 이 책의 완성도를 높일 수 있었습니다.

귀한 시간을 할애하여 추천의 말씀을 주신 김동원 전북대학교 총장님, 하연섭 연세대학교 부총장님, 김누리 교수님께 깊은 감사의 마음을 전합니다.

출판을 맡아주신 공명 관계자 여러분께도 감사의 말씀을 드립니다.

작은 보람과 큰 부끄러움을 느끼면서 독자 여러분께 논의를 넘깁니다.

2021년

박성수

PART I

누가 '용'이 되는가?

1장

바다의 용

"어린 시절부터 판사이신 아버지를 보고 성장하면서……."

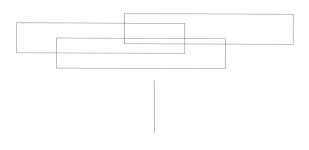

로스쿨 자기소개서의 배신

법학전문대학원(로스쿨)은 미국식 법조인 양성제도로 우리나라에는 사법개혁의 일환으로 도입되었다. 2009년에 총 정원 2,000명으로 전국 25개의 로스쿨이 문을 열었다. 반면, 오랫동안 법조인의 관문이 되어온 사법시험은 2017년에 완전히 폐지되었다.

이러한 로스쿨의 등장은 사법시험의 폐지뿐만 아니라 전통적인 최고 학벌의 상징인 '서울법대'가 사라졌다는 데에도 큰 의미가 있다. 서울법대에는 일제 강점기 경성제국대학 시절부터 입신양명(立身揚名)을 꿈꾸는 전국의 수재들이 모여들었다. 학력고사 시절에는 전국 석차 1등부터 200~300등까지는 당연히 원서를 내는 입시학원 배치표의 최상위에 자리한 학과였다. 한마디로, 성적이라는 객관적인 수치로는 최고를 입증한 학과였다. 이러한 학벌 신화 하나가 사라진 것이다.

로스쿨은 대학원 수준의 전문 법조인 양성 기관인 만큼 많은 자율성을 부여받았다. 그러나 비싼 등록금은 경제적 진입장벽과 계층적 차별 문제를 낳았고 자율적 선발제도는 음서제 논란을 불러 일으켰다.

고비용 문제는 장학금제도를 통해 대응했다. 로스쿨은 일정 비율의 장학금을 의무적으로 지원해야 하고, 국가도 직접 국가 장학금을 지원하고 있다.

그러나 선발제도는 간단한 문제가 아니다. 대학가에서는 로스쿨에 진학한 법조인 자녀의 명단이 돌았다. 곧이어 '로스쿨은 특권층을 위한 제도'라는 비판에 직면했다. 반면에 '사법시험은 공정하고 능력주의에 부합한다'는 논거로 사법시험 부활과 로스쿨 폐지까지 거론되었다.

로스쿨 선발제도의 공정성은 제도 존립의 근간이 되므로 정책적 대응이 필요했다. 제도 개선을 위한 실태파악을 위해 2015년 말부터 2016년 3월까지 25개 로스쿨 전체에 대한 현장 점검을 실시했다. 또, 3년 동안 합격한 자기소개서 6천 건을 전수조사했다.

처음 점검을 시작할 때만 해도 설마 무슨 문제가 있겠나 싶었다. 그런데 막상 뚜껑을 열어보니 상황이 심각했다.

지금도 기억하는 최악의 집안 자랑은 서울법대 출신 판사인 아버지, 어머니는 모 대학 졸업, 외가 쪽의 자치단체장, 판사 등을 줄줄이 언급한 자기소개서였다. 아버지, 어머니의 출신 대학을 왜 언급했는지도 의아스럽고 외가 쪽 식구들까지 들먹이는 건 정말로 큰 충격이었다. 이런 명문 집안이 있다는 것도 대단하거니와 이를 장황하게 기술한 지원자의 의식이 정말 대단하게 느껴졌다.

법조인인 아버지를 진심으로 존경하고 그 영향을 받아서 대를 이어 법조인이 되겠다는 것은 좋은 일이다. 그러나 자기소개서에 기술한 법조인 부모 자랑이 은연중에 특권의식을 암시하거나 로스쿨 입시에서 유리할 거라는 기대가 있었다면, 또는 그러한 기술로 인해 합격에 유리하다면 우리 국민들이 우려하는 불공정한 선발이 되는 것이다. 특히, 그러한 부모를 두지 못한 평범한 가정의 지원자들에게는 더욱 큰 상처와 핸디캡이 될 것이다. 그러므로 법조 집안을 자랑하는 자기소개서는 현대판 음서제 논란을 피할 수가 없다.

그런데 법조 가문을 자랑한 자기소개서가 실제로 당락에 끼친 영향력을 실질적으로 입증하기는 어려운 일이었다. 주관적 정성평가가 허용된 이상 평가의 공정성은 자기소개서를 평가하는 교수들의 전문적인 양심에 맡겨져 있기 때문이다. 법조 집안 자랑을 하고도 떨어진 경우도 많고 합격한 경우도 많다. 그러나 당시 경북대학교 로스쿨의 신평 교수가 의혹을 제기했듯 입증하기는 어렵지만 마음만 먹으면 법조인의 영향력이 미칠 수 있는 선발 시스템이라는 우려는 일리 있는 지적이었다(《국민일보》, 2016.3.29.).

"'대법관 자녀' 등 부모 신분 드러낸 자소서 수백 건."

《국민일보》, 2016.4.17.)

현장 조사가 끝나고 집계를 하는 중에 《국민일보》에서 교육부 점검반이 로스쿨별로 20~30건의 입시 서류를 복사해갔다는 취재를 근거로, 수백 건의 합격자 자기소개서에 부모 신분이 드러났다는 기사가 났다. 이 기사는 교육부가 점검 결과를 어떻게 발표할지를 초미의 관심사로 부각시켰다.

일부에서는 조사 결과를 덮자는 의견도 있었다. 그러나 교육부가 조사한 대로 발표할 수밖에 없었던 것은 2016년 4월 17일자 《국민일보》

기사가 결정적이었다. 이미 언론에 노출된 내용을 제대로 발표하지 않을 수 없었기 때문이다. 이런저런 정리와 법적 검토 등에 족히 한 달은 고생한 것 같다. 거의 매일 새벽까지 고생한 담당 사무관은 점심을 먹는 중에 주룩 코피를 흘렸다.

처분 수위는 교육부 내부의 법률 검토와 외부 법률 자문을 통해 정했다. 법조인 등 부모 직업을 언급한 자소서 중에서 직위·직책을 특정한 것만 문제 삼기로 했다. 왜냐하면 단순히 회사원, 회계사, 판사 등과 같이 직업명을 기술한 것은 당시에는 명확한 금지 규정이 없었고, 성장 과정을 기술하면서 법조뿐 아니라 여러 직업명이 자연스럽게 기술되고 있었기 때문이다.

부적절한 자소서를 작성한 학생 개개인에 대한 입학 취소가 쟁점의 하나였는데 역시 법률 검토 결과, 입학 취소는 어렵다는 것이 결론이었다. 당시에는 '자소서에 부모의 신상을 기재하면 불합격 처리한다'는 명시적 금지 지침이 없었다.

직위·직책을 특정할 수 있는 자소서가 24건 집계되었고 그중 16명이 법조인이었다. 5건은 자기소개서에 '아버지가 ○○시장', '외삼촌이 ○○ 변호사협회 부협회장', '아버지가 법무법인 ○○ 대표', '아버지가 ○○공단 이사장', '아버지가 ○○지방법원장' 등의 표현이 등장했다. 이 경우는 사실상 누구인지 쉽게 확인이 가능한 경우다.

나머지 19건은 부모·친인척의 직위나 직장을 적었지만 당사자가 구체적으로 누구인지 즉시 확인하기는 어려운 경우였다. 부모 또는 가족이 '대법관', '○○시의회 의원', '○○청 공무원', '검사장', '○○법원 판사' 등으로 기재한 경우다. 이러한 내용은 교육부 〈보도자료(2016.5.3.)〉를 통해 발표되었다.

클린턴, 오바마 등 미국의 많은 대통령, 미국 주지사나 연방의원의 절반 정도가 로스쿨 출신이라고 한다. 우리도 노무현 대통령과 문재인 대통령이 법조인이며, 역대 여러 총리들과 국회의원들도 법조인 출신이 많다. 그만큼 법조인은 국가 지도자로 활약할 수 있는 가능성이 높은 것이다. 미국은 애초부터 로스쿨을 통해 법조인을 양성했고 우리는 사법시험을 통해 선발했다.

로스쿨제도의 도입은 법조인뿐 아니라 미래 지도자 후보들을 선발하는 방식의 큰 변화이며 중대한 사회적 결단이었다.

그러나 로스쿨의 자기소개서는 이런 국민의 기대를 배신했다. 아무리 선진국과 같은 명예 준칙(honor code)에 대한 신뢰가 약하다고 해도 '지원서에 대놓고 집안 자랑을 할 정도의 의식을 가진 사람이 어떻게 정의로운 법조인이 되고 미래 대한민국의 지도자가 될 수 있을까?' 하는 회의감이 들 수밖에 없다.

대학도 마찬가지다. 굳이 어린 시절부터의 성장 배경을 알고자 하는 것은 무슨 이유인지 이해하기 어렵다. 자기소개서를 통해 지원자의 대학 시절의 열정과 활동을 보면 충분했을 것이다. 어이없게도 한 로스쿨은 지원 서류에 보호자 이름과 직장명을 적도록 했다. 이 대학의 한 지원자는 보호자 란에 관계가 '장인'이라고 표시하고 그 이름과 법률사무소 명칭을 보란 듯이 기재했다. 부모·형제가 있다면 기가 찰 노릇이다.

대학은 묵시적으로 또는 명시적으로 법조 배경을 가진 지원자에 대한 기대가 있었거나 적어도 중산층 이상의 사회경제적 배경에 대한 잠재적 선호를 갖고 있었다고 의심할 수밖에 없다. 그러한 분별을 가능케 한 것

의 내용:
고소득자 자녀+장학금 미신청
로스쿨 재학생 현황 (단위:명)
고소득자는 월소득이 1043만원이 넘는 상위 20%
재학생 수   고소득자 자녀+장학금 미신청자
3045   2090(68.6%)
3035   1649(54.3%)
서울 소재 12곳   지방 소재 13곳
일러스트 = 이은지 기자

고소득층의 로스쿨 재학 실태 현황

이 어릴 적부터 성장 배경을 적도록 한 자기소개서였다.

　로스쿨 재학생의 국가장학금 신청 현황을 분석한 〈국민일보〉 기사 (2016. 11. 24.)에 따르면 10명 중 6명은 소득순위가 9분위 이상이거나 장학금을 신청하지 않은 고소득층으로 추정할 수 있다는 것이다.[1]

　이런 현상은 비싼 등록금과 3년간의 매몰 비용으로 인한 경제적 장벽이 높은 결과일 수도 있고, 한편으로는 로스쿨이 선발 과정에서 중상류층을 선호한 결과일 수도 있다. 고소득층이 아니면 지원에 엄두를 내지도 못할 뿐 아니라 로스쿨이 저소득층을 선호하지도 않았다는 것을 간접적

1　우리나라는 거의 모든 대학 재학생의 소득수준을 파악할 수 있는 〈국가장학금 소득분위〉 데이터를 갖고 있다. 이 데이터는 로스쿨뿐만 아니라 사회적으로 관심 있는 대학이나 의대, 약대 등과 같은 전문 분야의 계층 재생산 가능성을 분석할 수 있는 좋은 도구라는 것을 보여준 최초의 것이다.

으로 보여주고 있다. 모 대학은 지원서에 장학금 지원이 필요한지 여부를 기재하도록 되어 있었는데, 이는 저소득층을 식별하기 위한 장치라고밖에 볼 수가 없다.

로스쿨이 누려왔던 자율성은 우리 국민이 용인할 수 있는 범위를 넘어선 것이기 때문에 강력한 규제가 뒤따랐다. 매 3년마다 로스쿨은 선발을 공정하게 하고 있는지 점검받게 되었다. 로스쿨뿐 아니라 정성적인 서류전형 절차가 있는 약대 편입, 의전원이나 의대 편입, 그리고 특목고 선발 등에서도 부모 신상 기재를 금지하는 제도개선이 이루어졌다. 사법시험이 '개천의 용'에 대한 상징으로 사회적 신뢰를 받았던 것처럼 로스쿨이 이러한 사회적 신뢰를 얻을 수 있는지는 앞으로의 과제다.

인재 선발 방식에 대한 논란

로스쿨 선발 방식처럼 개인이 제출한 서류와 면접 등에 의해 선발하는 방식은 선발자의 주관적 판단에 의지할 수밖에 없다. 이런 경우에는 근본적으로 성적에 의한 객관적인 줄 세우기가 어렵다. 정성적 요소인 스펙은 집안 환경의 영향이 클 수밖에 없으므로 사회적 불평등에 따른 공정성 이슈가 제기될 수밖에 없다. 로스쿨 입시 파동을 통해 현대판 음서제의 가능성이 의심받게 되었고, 이와 유사한 선발 방식인 '학생부종합전형'에도 영향을 미치게 된다.

2016년의 로스쿨 입시 파동은 2018년에 있었던 '2020 대입개선' 논란의 전주곡이었다. 우리 국민의 마음속에 '로스쿨 선발제도와 대학입시의 학생부종합전형이 불공정하게 운영될 수 있으며, 나아가 상위 계층에 유리한 선발제도'라는 인식이 각인되기 시작한 것이다. 당시에 로스쿨 선발의 불공정성을 강력하게 규탄한 단체가 훗날 '학생부종합전형 폐지와 객관적인 수학능력시험 중심으로 대입을 개선하자'는 운동을 적극적으로 전개하게 된다.

국민들 역시 리더십과 품성이 중요하긴 해도 계층 편향성이 있는 선발제도보다는 객관성이 보장되는 선발제도를 더 지지하게 된다. 우리 국민은 조선시대 과거시험에 합격한 수령들이 백성을 수탈한 어두운 역사나 사법시험 합격자들로 구성된 법조계의 일부가 오히려 민주주의와 인권을 보장하지 못했던 것처럼, 어려운 시험을 통한 선발이 곧 사회정의나 민주적 가치를 담보하는 것은 아니라는 사실도 잘 알고 있다. 그럼에도 '객관성이 곧 정의'라는 우리 사회의 무의식적 인식체계를 그 차선책으로 수용한 것이다.

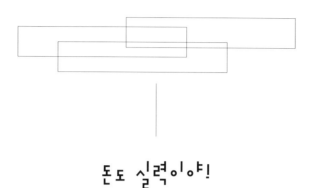

돈도 실력이야!

폭풍우의 서막

"기한 늦은 과제물에도 '네, 잘하셨어요' 정유라 상전 모시듯 한 교수."

<한겨레>, 2016.10.13.

2016년 10월 13일 <한겨레>는 정유라가 학점 특혜를 받았다는 근거로 교수들과 정유라가 주고받은 이메일 자료를 공개했다. 이 기사에서 공개된 교수들의 이메일은 여론의 공분을 샀다.

이 교수는 정 씨가 이메일로 과제물을 제출할 때, 실수로 파일을 첨부하지 않았는데도 "네, 잘하셨어요"라고 칭찬을 했고, 뒤늦게 과제물이 첨부되지 않았다는 사실을 알고는 "앗! 첨부되지 않았습니다. 다시 보내주시면 감사하겠습니다"라는 내용의 메일을 다시 보내기도 했다.

정유라 사건 당시 대학학사제도과장으로서, 어쩌다가 폭풍우의 한가운데 서게 되었다. 정유라 사건의 서막은 2016년 9월 26일, 국정감사 이틀 전의 〈한겨레〉 기사였다. 수업에 참여하지 않는 최순실(개명 후 최서원)의 딸, 정유라에게 경고를 한 지도교수가 교체되었고 학점 특혜를 받고 있다는 의혹이었다.

처음에는 대학 내부의 일회성 비리로 생각했다. 최순실이 누군지도 모르고 그 딸이 체육특기자 어쩌고 하니 그렇게 생각하는 것이 당연했다. 이 일이 그 뒤에 벌어지는 엄청난 격변의 서막이 될 줄은 당시에는 상상조차 할 수 없었다.

2016년 9월 28일, 국감이 시작되자마자 정유라 관련 질문과 자료요구가 쏟아졌다. 교육부가 답변할 내용은 거의 없었고 이화여자대학교가 답변해야 하는 질문들이 대부분이었다. 대학 측은 여러 질문에 대해 문제가 없다는 취지로 답변 자료를 보내면서 긴장된 하루가 지나가는 듯했다.

그런데 저녁 무렵에 갑자기 의원들이 직접 이화여대를 찾아가 학교 측의 소명을 듣기로 결정했다. 국정감사 역사에서 사전 예고 없이 대학 현장을 직접 찾아가는 것은 매우 이례적인 일이었다. 현장에서 대학 측은 나름의 해명을 했다.

교육부 1차 국감이 끝나고 10일 정도가 지날 즈음, 이화여대 총장이 대학 이사회에 정유라의 입학에 특혜가 없다는 사실을 보고했다는 기사가 났다(〈한겨레〉, 2016.10.10.). 이렇게 정유라 문제는 의혹 제기로 끝나는 듯했다.

'정유라 비리'를 항의하는 이화여자대학교 시위 현장

그러나 바로 다음 날인 10월 11일, 이화여대 의류학과에서 정유라에게 학점 특혜를 주었다는 구체적인 증언을 인용한 〈한겨레〉 기사가 나왔다. 지금까지는 '설마'라는 생각이 있었지만 구체적인 증언이 기사화됨으로써 사회적 관심이 본격적으로 증폭되었다. 당시, '평생교육단과대학사업'으로 농성 중인 학생들도 정유라 이슈를 쟁점화하기 시작했다.

다시 10월 13일자 〈한겨레〉에는 이화여대 입학처가 금메달리스트를 뽑으라고 했으며 정유라가 유일한 금메달리스트였다는 내용의 기사가 났다. 입시비리의 서막도 오른 것이다. 공교롭게도 교육부 2차 국정감사 전날이었다. 날을 제대로 잡은 것이다.

10월 14일, 2차 국정감사에서 부총리는 이대의 학칙개정 과정이 적정했는지 또 규정대로 적용했는지 면밀히 조사하겠으며, 이미 자료를 요청한 상태라는 요지의 답변을 했다. 국정감사 직후 10월 18일에 대학학사제도과가 주관하는 사안조사에 착수했다. 사안조사는 감사부서가 나서기 이전에 업무 담당 부서가 조사를 실시하는 것이다.

며칠 후, 이화여대에서 정유라의 시험 답안지, 제출한 과제물, 독일에서 훈련하는 증명서 등 세부 자료를 보내왔다. 검토 결과, 문제가 있다는 결론에 이르렀다. 학사 문제에서 입시 문제로 확대된 사안이라 정식 감사의 필요성이 제기되었다. 국회 역시 감사를 강력하게 요청하고 있었다.

10월 28일, 교육부 감사관실 주관으로 정식 감사에 착수했고 감사관실의 전문적인 감사를 통해 정유라의 시험 답안지의 문제점을 밝혀내는 등 학사비리의 전모가 드러나게 되었다.

"돈도 실력이야!"가 남긴 상처

2016년 10월 19일자 〈경향신문〉에 정유라의 과거 SNS 글이 기사로 났다.

"능력이 없으면 너네 부모를 원망해. 돈도 실력이야!"

정유라 사건은 이제 개인의 일탈을 넘어 특권층의 반칙 이슈가 되었다. 단순 해프닝성 SNS 글일 수도 있는데 입시비리 의혹과 함께 오버랩되어 상징적 파장이 컸다. 그로 인해 우리 사회 공정성의 최후 보루인 대학입시제도에 대한 불신을 낳게 되었다. 이에 대한 국민적인 상실감은 매우 컸다. 필기구 하나 들고 시험장에 들어가서 정정당당하게 시험을 치른 결과로 대학에 진학하는 치열한 경쟁 속에 내몰린 학생들은 분노할 수밖에 없는 것이다. 또한 상류층은 사교육비 투자를 통해서건 특권을 통해서건 학력 경쟁에서 우위에 설 수밖에 없다는 현실을 다시 한 번 각인시켜준 것이기도 하다.

그 분노는 대학입시의 공정성 이슈로 옮겨 갔다. 특권의 힘이 작용할 수 있다고 우려되는 대입제도에 대한 불신이다. 로스쿨 자소서 파동에 뒤이은 정유라 입시비리 사건은 품성과 리더십, 진로적성 등을 고려하는 주관적 선발 방식에 대한 신뢰의 상실로 이어졌다. 결과적으로, 이 사건은 우리 사회에 객관적 공정성 이슈가 전면에 등장하는 계기가 되었다.

'2020 대입제도 개선'에 로스쿨 자소서 파동과 정유라 사건이 끼친 영향은 매우 크다. 인재를 평가하는 데 인성, 리더십, 발진 가능성 등 다양한 사회적 가치들 대신 객관적 공정성을 더욱 중요시하는 사회적 공론이 형성된 것이다.

대학학사제도 측면에서는 정유라 학사비리와 그 뒤에 이어지는 장시호 사건은 체육 특기자의 학사운영에 대한 대대적인 점검과 개선의 계기가 되었다. 비록 학사운영이 대학과 교수의 재량이긴 하지만 일정 수준의 규정은 반드시 준수해야 한다는 의식을 대학가에 강하게 심어 놓았다. 코로나19 사태에서도 대학들은 어떠한 형태로든 수업 시수와 수업 일수를 지키기 위해 많은 노력을 하는 것이 그 영향이라고 볼 수 있다.

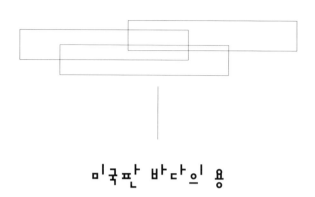

미국판 바다의 용

입학사정관제

미국의 입학사정관제는 애초에 차별적으로 '개천의 용'도 아닌 '바다의 용'을 뽑기 위한 제도에서 출발했다. 100여 년의 시간이 지난 지금도 여전히 '동문 우대'라는 특권이 남아 있다.

그러나 동시에 '아프리칸 아메리칸(African American)' 같은 사회적 소수자 우대제도를 갖고 있기도 하다. 입학사정관제는 오늘날 미국 엘리트 대학의 경쟁력과 고등학교 교육에 긍정적 영향을 미치는 선발제도로 정착되어 오고 있다.

해방 이후 우리 교육은 미국 교육의 영향을 많이 받았다. 특히 오늘날 학생부종합전형(입학사정관제)은 미국 대학의 신입생 선발 방식에서 유래된 것이다. 미국식 학생 선발 방식의 이해는 우리 제도를 발전시켜 나가는 데 도움이 될 것이다.

차별에서 포용으로

하버드, 예일, 프린스턴 등 역사와 전통이 있는 엘리트 대학에서 입학사정관을 두고 학력과 인성을 두루 고려하여 신입생을 선발하는 방식을 '입학사정관제'라고 통칭하고 있다. 이 용어는 미국에서는 사용되지 않는, 우리가 이름 붙인 제도다. 사실 미국에서는 여러 가지 신입생 선발 방식 중 하나일 뿐이다.

입학사정관제는 20세기 초반에 동부 엘리트 대학의 학생 선발에서 사회적 차별 장치로 고안되었다. 20세기 초까지 미국 동부의 명문 사립대학은 대학별 본고사를 통한 학력으로 신입생을 선발하고 있었다. 그러나 새롭게 이민 오는 학업능력이 뛰어난 유대인들이 동부 엘리트 대학에 대거 합격하자 백인 주류사회의 특권을 더 이상 유지하기 어렵게 되었다. 이에 대응하여 백인들에게 유리한 정성적인 요소를 반영하는 선발 방식을 도입하기 시작했다. 지원자의 품성, 가정 배경 등과 같은 정성적인 요소를 두루 고려하여 백인 상류층이 갖고 있는 사회적 특질들을 반영하여 선발하는 것이다. 집안 배경(특히 동문 여부), 체육활동, 건강한 신체, 추천서 등을 통해 젠틀맨을 선발하는 제도를 구축한 것이다.

이러한 선발 방식은 차별과 특권을 전제로 하는 것이기 때문에 도입 초기부터 많은 비판을 받았다. 반대론자들은 학력 이외에 정성적 요소를 반영하는 것은 공정하지 못하고 특히 능력주의에 위배된다고 보았다.

이러한 논란에도 불구하고 1910년 콜롬비아대학에서 최초로 정성적인 요소를 평정하는 전문가로 입학사정관(admission officer)을 둔 이래, 1920년대 이후에는 하버드, 예일 등 미국 주요 사립대학으로 확산되었다. 오늘날에는 경쟁력 있는 주요 대학들이 입학사정관제를 통해 학생을 선발하고 있다.[2]

비록 미국의 입학사정관제 출발은 차별과 특권의 유지를 위한 것이긴 했지만, 점차 사회적 품성을 강조하는 인재 선발이라는 미국 민주주의의 신념을 반영하는 선발제도로 발전되어 갔다.

1950년대 예일대학의 입학처장이었던 호우(Hoew)는 "높은 수준의 학업성취도만이 유일한 평가 척도라면 예일대학은 많은 미래의 미국 대통령을 선발하지 못할 것"이라며 입학사정관제를 옹호했다고 한다. 하버드대학의 경우도 20세기 초까지 '학습능력이 뛰어난 학생들로만 신입생을 구성하지는 않겠다'는 명확한 입장을 갖고 있었다.

미국은 시험을 통해 관료나 기업의 인재를 충원하는 제도가 없고 중요한 직책은 선거에 의해 정해지는 등 인재 충원 방식이 동양적 관료제와는 다르기 때문에, 성적보다는 사회적 품성이 엘리트 고등교육에서 더 중요하게 강조되는 것이다.

20세기 중반, 입학사정관제가 발전하는 단계에서 미국 엘리트 대학의 입시에서는 학력 이외에 예체능 분야의 특기, 동아리 활동, 봉사활동 등을 통한 리더십과 사회적 품성이 강조되었다. 대학들은 공부도 잘하고, 악기 하나 정도는 잘 다룰 줄 알고, 운동도 잘하고, 봉사활동도 열심히 할 뿐 아니라 학생회 간부로 활동도 하는 완벽한 스펙을 갖춘 만능형 학생(well-rounded students)을 선호했다. 이런 영향으로 인해 미국 고등학교에서

---

2 미국의 모든 대학이 입학사정관제를 운영하는 것이 아님을 유의해야 한다. 많은 주립대학과 사립대학은 고교 학점과 SAT 성적을 단순 계량화하여 선발하기도 한다.

는 체육활동, 동아리 활동 등과 같은 방과 후 활동이 활발하게 운영되는 것이다.

비판론자들은 입학사정관제가 동문 우대를 통해 일부 상위층의 특권 유지에 활용된다고 비판하고 있지만, 그럼에도 방과 후 활동 등에서 배양되는 사회적 품성이 미국 사회에 매우 중요하다는 점은 인정하고 있다. 미국 사회에서 방과 후 활동은 좋은 사회적 품성을 기를 수 있는 중요한 학교 교육 프로그램으로 인정받고 있고, 이는 당연히 엘리트 선발에 반영되어야 한다고 보고 있는 것이다.

여러 줄 세우기

20세기 후반, 입학사정관제는 사회적인 차별을 시정하는 긍정적인 기제로써 더욱 적극적인 역할을 하게 된다. 아프리칸 아메리칸과 소수 인종에 대한 우대 등이 그것이다. 주관적인 평정이기 때문에 역설적으로 소외계층에 대한 배려가 가능한 것이다. 성적으로만 선발하게 되면 아프리칸 아메리칸 우대제도는 성립하기 어렵기 때문이다. 인종적, 사회·경제적, 지리적으로 다양한 배경의 학생을 선발하는 의미에서의 다양성은 사회통합의 기제로써 큰 역할을 하게 된다.

사회적 다양성뿐만 아니라, 다양한 능력과 특징을 갖고 있는 학생들을 선발하여 서로서로 배울 수 있는 풍부한 학습 기회를 제공하는 의미에서의 다양한 신입생 구성 역시 중요한 의미를 갖는다. 이 때문에 신입생 선발을 오케스트라 구성에 비유하기도 하는데, 특히 1990년경부터는 대학이 지향하는 입시 패턴이 '만능형 학생'에서 '다양한 신입생 구성 (well-rounded freshman class)'으로 전환한 것이 일반적인 추세라고 할 수 있다.

따라서 경쟁력 있는 대학의 지원자는 다양한 분야에 대한 소질보다는 남과 다른 분야의 특별한 능력과 활동을 보여주는 것이 더욱 강조되는 추세다.[3]

신입생 구성의 다양성을 위해 지리적, 사회적, 인종적 다양성과 각 개인의 다양한 특질들을 모두 고려하는 선발제도에서는 합격과 불합격을 예측하기 어렵다. 유사한 스펙을 갖고 있는 후보자 중에서도 누가 합격할지는 아무도 예측할 수 없다. 또한 어떤 스펙이 합격에 유리한지 역시 가늠하기 어렵다. 왜냐하면 다양한 신입생을 구성하기 위해서는 스펙의 우수성이 중요한 것이 아니라 구성하고자 하는 신입생 집단의 특성에 적합한 스펙이 더 중요하기 때문이다.

학생 간 우열을 겨루는 선발이 아니라 대학이 구성하고자 하는 신입생의 특성에 따라 합격자가 결정되므로, 어떤 학생이 합격할지는 아무도 모른다. 한 줄로 줄서기가 아니라 여러 줄을 세우는데 어떤 줄을 세우게 될지는 딱히 정해진 기준이 없다. 따라서 학생이 할 일은 고교 생활을 열심히 하고 그 결과로 지원서를 제출하여 결과를 담담히 기다리는 것뿐이다. 그러다 합격이 되면 그 대학이 무척 고마운 것이다.

미국 입학사정관제의 구체적인 선발 기제는 비밀의 영역이다. 충분한 재량권을 갖고 있는 입학사정관이 각자 대학의 시스템 속에서 자율적으로 선발하기 때문에 제도화된 공식이 없다. 대학에 대한 신뢰와 자율성을 중요시하며 어떤 줄을 세우고 이를 어떻게 평가할 것인가는 전적으로 대학에 맡겨져 있다. 지원자를 세우는 줄이 많다 보니(그것도 정해진 바가 없이 재

---

3 이를 잘못 이해하면 '한 가지만 잘해도 대학에 갈 수 있다'는 극단적인 적용을 할 수 있으나, 이것은 경쟁이 치열한 아이비리그 입시에서 남보다 더 특별한 것을 보여 주어야 한다는 의미가 더욱 강하다. 따라서 미국식 엘리트 대학입시를 한 가지만 잘해도 대학에 갈 수 있다고 보는 것은 제도 전반을 잘못 이해하거나 소수 사례에 대한 일반화의 오류를 범한 결과다.

량적으로) 애초에 객관적 공정성은 지향하는 가치가 아니다.

그러나 미국 입학사정관제에서도 성적은 중요한 비중을 갖는다고 본다. 합격자를 결정하는 데 차지하는 비중은 성적이 60~80%, 방과 후 활동이 20~40% 정도로 보기도 하며, 학업능력이 70~85%의 비중을 갖는다고 보기도 한다. 여러 입시 가이드 전문가들은 성적의 중요성을 간과하지 말라고 강조하고 있다. 경쟁력 있는 대학의 경우 특히 성적의 중요성이 강조되는데 리더십 등 방과 후 활동보다 성적이 중요한 비중을 갖고 있으며, 아무리 뛰어난 리더십을 보여주어도 경쟁력 있는 대학에서는 최소한의 적절한 학습능력을 보여주어야 한다. '뛰어난 성적은 입시의 문을 열고, 다양한 소질은 안으로 들어갈 수 있게 한다'는 것이다.

조기전형제도

미국 대학의 입학사정관제에서 지원 시기에 따라 우리의 수시전형에 해당하는 조기전형(early admission)제도가 있다. 조기전형 방식은 대학이 자율로 정하지만 가장 핵심적인 규칙은 한 대학만 지원한다는 것이다. 조기전형이지만 전형요소는 SAT 점수, 고교 성적, 에세이 등 정기 전형과 같다. 전국적으로 약 450여 개 대학이 조기전형제도를 운영하고 있다.

조기전형 방식은 두 종류로 나뉘는데, 얼리 디시전(early decision)과 얼리 액션(early action)이 있다. 얼리 디시전은 한 대학에만 지원하며 이 대학에 합격하면 정시전형에는 지원을 할 수 없다. 반면에 얼리 액션은 정시에도 지원을 할 수 있다는 점에 차이가 있다.

예컨대 하버드대학은 얼리 액션 프로그램만 운영하는데, 이 방식으로 지원한 학생은 수시에서는 다른 사립대학은 지원할 수 없지만 주립대학은 지원할 수 있고, 일단 합격을 한 후에도 정시전형에서 다른 대학을 지원할 수 있다. 최고 엘리트 대학의 학생 독점권의 절제는 학생들에 대한 배려다. 하버드에 조기전형으로 합격했다고 해도 장학금을 제공하는 다른 대학에 갈 수 있는 기회를 허용하는 것이다.

조기전형은 정시전형 일정보다 두 달 정도 앞당겨서 진행된다. 조기전형의 경우에도 SAT 점수는 필요하므로 좀 더 일찍 SAT를 치러야 한다. 대학은 자기 대학을 선호하는 우수한 지원자를 선점한다는 이점이 있다. 학생의 입장에서는 조기전형에 일단 합격하면 여러 대학에 지원서를 작성하는 번거로움을 피할 수 있고, 무엇보다 자기가 가장 희망하는 대학에 합격한다는 큰 이점이 있다. 그러나 조기전형에 합격하면 정시에 지원을 할 수 없기 때문에 다른 대학에 관심이 있거나 장학금을 더 많이 주는 대학이 있다면 아쉬움이 남게 될 것이다.

최근에는 많은 대학들이 조기전형을 늘리려는 경향을 보이고 있다. 우수 학생을 선점하려는 노력의 일환일 것이다. 어느 정도의 비율로 조기전형 선발을 하는지는 대학의 자율적인 사항이다. 〈워싱턴 포스트〉(2019.1.5.)에 따르면 윌리엄 앤 메리(William & Mary)대학은 58%에 달하며 MIT는 7% 정도에 불과하다. 하버드대학 13%, 예일대학 13%, 프린스턴대학이 14% 정도다. 선호도가 매우 높은 대학이 우수 학생을 선점할 수 있는 조기전형을 일정 수준으로 억제하고 있는 것이 인상적이다.

조기전형과 정시전형 간의 전형 요소와 전형 방식에서 차이점은 없다. SAT 성적, 자기소개서, 추천서, 에세이 등이 공통적으로 사용된다. 사정 방식도 동일하다.

조기전형은 사립대학 간의 경쟁에서 파생한 것으로 우수한 지원자를 선점하려는 것이 가장 큰 목적이다. 조기전형에서 한 대학만 지원하도록 하는 규정은 강제적인 법령 사항은 아니다. 대학 간에 합의된 자체 약정인 것이다. 전국진로교사연합회(National Association for College Admission Counseling)의 자체적인 규율(admission ethic code)로 각 학교의 진로교사는 단 하나의 원서에만 서명하도록 규정하고 있다.[4]

오해와 비판

미국 입학사정관제의 가장 큰 오해는 한 가지만 잘해도 대학에 갈 수 있다는 것이다. 입학사정관제는 특별한 스펙이나 특기 하나를 보고 선발하는 것이 아니다. 어느 정도의 학업능력을 바탕으로 방과 후 활동 등을 통해 자신의 성장 가능성을 충분히 보여주어야 하는 선발 방식이다. 따라서 기본적으로는 학교의 교과 및 비교과 활동을 통해 자신의 잠재적 발전 가능성과 능력을 보여주어야 하는 것이다. 입학사정관제의 본질은 학업능력 이외에 사회적 품성을 정성적인 요소로 평가를 한다는 것이지, 특별한 재주 하나로 대학의 문을 여는 것이 아니다.

기부금 입학에 대한 오해도 크다. 사전에 정해진 일정 금액을 내고 합격증을 사는 방식은 운영되지 않는다. 기부금에 따른 입학은 주로 동문 우대와 연관되어 있다. 동문들은 평소에 꾸준히 학교 발전을 위해 재정적인 기여를 하고, 학교는 이에 대한 고마움으로 입시에서 우대하는 것이다.

대학들은 이처럼 동문 우대의 한 방식일 뿐 일정한 돈을 내고 입학을 사는 공식적인 제도는 인정되지 않는다고 항변하고 있다. 동시에 대학 발전에 기여한 동문에 대한 우대가 불가능하다면 아프리칸 아메리칸과 같

---

4 그러나 법적 사항이 아니라는 이유로, 예컨대 예일대학에 조기전형 합격 후 하버드대학의 정시에 지원하기 위해 다시 추천서를 요구하는 사례가 드물게 발생한다고 한다.

은 소외계층에 대한 우대제도도 운영하기 어렵다고 주장하고 있다.

그럼에도 기부금과 연관되어 있는 동문 우대는 '특권적인 제도'라는 강한 비판을 받는다. 이 부분은 미국식 입시제도의 공정성에 관한 유일한 문제점으로 지적받고 있다. 기부금과 연관된 동문 우대가 고등교육 진학의 불평등을 악화시키는 요인이며, 특히 투명성의 결여가 가장 큰 문제로 지적되고 있다.

사회 비판론자들이 동문 우대제도를 미국 사회의 불공정성의 사례로 크게 비판하고 있지만 이 제도를 이용하는 것은 정치적 입장과는 상관이 없어 보인다. 동문 우대 사례로 자주 인용되는 것이 미국 민주당의 고어 (Albert Gore) 부통령의 사례다. 네 자녀가 모두 하버드대학에 입학했는데, 그중 두 자녀는 라크로스(lacrosse) 선수로 입학했지만, 한 자녀는 경기에 참가한 적이 없고 한 자녀는 2년 정도 선수로 활동했다. 고어는 하버드대학 출신이고 같은 대학의 이사를 지내기도 했다.

2001년 들어 민주당 케네디(Kennedy) 상원의원은 대학의 동문 우대를 금지하는 입법을 추진했다. 2006년에는 연방 하원에서 입학생의 인종, 동문 자녀 현황 등을 공개하도록 하는 법안이 표결에 부쳐졌으나 337 대 83으로 부결되었다.

입학사정관제의 영향

미국식 입학사정관제는 미국적 토양에서 발전해온, 실질적으로는 미국 일부 대학에서 적용하고 있는 대학입시제도다. 미래의 리더 선발은 단순히 성적 하나만을 보고 결정하지 않는다는 사회적인 합의와 문화적 토양을 기반으로 하고 있다.

비록 출발은 차별과 특권이라는 한계를 갖고 있지만, 세계적인 경쟁력을 유지하고 있는 미국 대학의 신입생 선발 방식으로 자리 잡고 있는 것을 감안하면 미국 민주주의와 미국의 성장을 뒷받침하는 훌륭한 엘리트 선발제도라고 볼 수 있다.

입학사정관제가 가능한 중요한 제도적 전제는 대학의 학생 선발권이 완전하게 자율적으로 보장되어야 한다는 것이다. 여러 줄 세우기는 일정한 규칙이 없기 때문에 대학 재량권이 충분히 보장되어야만 성립이 가능하다. 대학이 재량권을 갖고 선발한다고 해도 이렇게 선발된 입학생이 대학 경쟁력을 약화시킨다는 비판은 없다. 대학의 자율성과 이에 대한 사회적인 보장은 미국 대학의 경쟁력의 원천이기도 하고 사회적 신뢰의 원천이기도 하다.

미국 교육과 사회적 불평등을 비판하는 논의에서도 하버드나 예일 등의 엘리트 대학이 SAT 등 객관적인 성적으로만 학생을 선발해야 한다는 주장은 찾아보기 힘들다. 미국 고등학교에서 고교학점제, 방과 후 활동, 예체능 특기교육 등 건강한 학교 교육이 운영되고 있는 것은 미국식 입학사정관제가 갖고 있는 큰 강점이다.

대학입시가 고등학교 교육에 큰 영향을 주는 것은 우리와 같으나 그 영향이 고등학교 교육에 긍정적인 영향을 주고 있고 인정받는 것은 우리와 크게 다른 점이다.

2장

개천의 용

'홀어머니가 행상하는 집안의 아들이 사법고시에 합격하여
검사가 되었다'는 전설은 우리 어릴 적, 세상을 보는 통로였다.

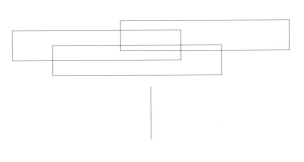

시험능력주의 사회

대학입시의 의미

고등교육은 이제 막 성인의 문턱에 들어서는 청년들을 다음 세대의 주역으로 준비시키는 역할을 한다. 연령은 조금씩 차이가 있지만 전통사회에서도 미래의 리더를 양성하기 위한 시스템을 갖고 있었다. 정치권력이 확립되고 사회체제가 수립되면 다음 세대의 리더 그룹을 적절하게 길러내는 것이 체제 유지와 확장에 매우 중요한 관건이 되기 때문이다. 고구려의 태학, 신라의 화랑도, 고려의 국자감, 조선의 성균관 등이 그것이다. 유럽도 중세 시대부터 대학이 형성되고 발전했다.

오늘날에도 청년기에 진입하는 미래 세대의 교육, 즉 고등교육은 사회체제 또는 국가의 유지, 발전에 필수적인 수단이다. 고등교육은 개인적인 성취로서의 의미뿐 아니라 공동체의 유지, 발전에 핵심적인 역할을 하는 사회제도로서의 공적 기능을 수행한다.

문제는 '누구에게 고등교육을 받을 기회를 줄 것인가'다. 고등교육 대상자의 선발은 곧 미래 인재 또는 차세대 리더 그룹을 선발하는 것과 같다. 한 사회의 다음을 이끌어갈 인재의 선발은 곧 그 사회의 인재상을 반영하게 된다. 우리 대학입시 역시 우리 사회의 인재상을 반영하고 있다. 우리 미래의 리더 후보들을 대학입시라는 틀을 통해 선별해내고 있는 것이다.

고등교육 대중화 시대의 대학은 미래 엘리트 후보군에 대한 선발뿐만 아니라 다양한 전문 직업 분야에 인재들을 재분배하는 기능을 수행한다. 대학 전공은 어느 정도 미래의 잠재적인 직업군을 준비시키는 역할을 한다. 따라서 대입제도는 각 개인의 소질과 적성을 사회적 수요에 맞게 재분배하는 기능을 수행한다.

엘리트 대학 : 등용문

고등교육에서는 엘리트 교육과 보편교육이라는 이중구조가 형성되고 있다. 미국의 아이비리그 대학처럼 학문적 수월성과 미래 리더를 양성하기 위한 엘리트 대학과, 고등교육의 확대·대중화를 위한 교육 중심 대학으로 크게 구분할 수 있다.

대학의 선호도에 따른 치열한 입시 경쟁은 엘리트 대학에서 발생한다. 미국의 아이비리그 대학, 영국의 옥스퍼드와 케임브리지대학, 프랑스의 그랑제콜(Grandes Écoles) 등과 같이 학문적인 수월성을 인정받고 입학하기 매우 어려운 대학이 각 나라마다 존재한다. 독일처럼 질적인 평준화를 꾀하는 나라에서는 애초에 대학에 대한 문호가 좁고 졸업도 어렵다. 결국 어느 나라나 최고 수준의 학문적 수월성을 갖는 대학을 갖고 있으며 그 수는 한정적이다. 이런 한정적인 자리를 놓고 경쟁을 벌이는 것이 입시 경쟁의 본질이고 이를 통해 각 사회는 미래의 리더 후보군을 확보하는 것이다.

우리도 서울대학교를 정점으로 하는 몇몇의 대학이 엘리트 대학으로서의 위상과 강력한 사회적 지지를 받고 있다. 이런 대학에 대한 강한 집착은 우리 사회의 미래 리더 후보로 인정받기 위한 노력이고, 사회적 지위의 유지 또는 상승을 위한 강한 열망의 결과다. 이러한 집착이 공교육을 왜곡하는 모든 문제의 근원이 된다.

시험능력주의 사회

전통사회에서는 지배층의 세습에 의해 다음 세대의 리더가 정해진다. 동서양을 막론하고 귀족의 신분은 세습되었고 그에 따라 통치 엘리트도 세습되었다.

과거제도가 본격적으로 도입된 조선시대부터 통치 엘리트의 충원 방식은 그 이전과는 크게 달랐다. 세습이 아니라 능력에 따라 선발된 통치 엘리트가 등장하는 것이다. 조선시대 문과 급제자는 모두 1만 4,615명이다. 평균하여 매년 29명이다. 이들이 지방의 수령이 되고 중앙의 관료가 되었다. 극히 예외적으로 음서제가 있긴 했지만 관직에 나간 후에라도 과거 시험에 합격하여 자신의 능력을 보여주어야만 정통성 있는 지배층으로 인정받았다. 양반이라는 신분은 세습의 성격이 강하지만 과거에 급제하지 못하면 관직으로 나가지 못하고 통치 엘리트가 될 수 없었다. 전통

사회에서 각 개인의 능력을 바탕으로 통치 엘리트를 충원했다는 것은 큰 의미가 있다.

근대 학교제도의 도입 이후에도 시험제도가 사회 지도층이 되는 데 결정적인 역할을 한다. 일제 강점기에는 고등문관시험 행정과와 사법과를 통해 조선시대 수령의 역할을 하는 고위 관료와 법관을 선발했다. 그야말로 등용문(登龍門)이었다. 일본 유학이나 경성제국대학의 법문학부를 나와 고등문관시험에 합격하는 것이 정통 엘리트 코스였다. 능력만 있으면 젊은 나이에 군수가 되거나 법관이 될 수 있었다. 해방 후에도 제헌 국회의 1/3 정도가 일제 강점기 군수, 법관 등 관리 출신이었으며, 1970년대까지도 일제 강점기 고등문관시험 출신 장관이 임명되었다.

경성제국대학의 뒤를 이은 서울대학교 합격은 마치 과거시험의 초시 합격과 같은 영예가 주어졌고, 전체 사법시험 합격자의 절반을 훨씬 상회하는 독점적인 위치를 고수했다. 이처럼 파워엘리트의 후보군뿐 아니라, 다른 여러 분야의 학문적인 수월성으로 서울대학교의 위치는 독보적인 존재가 되었고 몇몇 사립대학이 그 뒤를 따르고 있다.

한국 권력지배층을 연구한 김영모 교수에 의하면(2009) 2007년 기준 재판관 중 부장판사 이상 91.7%가 서울대학교 출신이다. 또한 이승만 정부부터 노무현 정부까지 역대 장관 중에 서울대가 40.5%, 고려대 8.2%, 연세대 4.4%로 세 대학이 53.1%를 차지하고 있다. 김영삼 정부 때는 서울대 출신 장관 비율이 67.0%로 최고치를 보인다. 지방대학 육성과 국가 균형발전을 강조한 참여정부 때도 서울대 출신 장관은 54.5%에 달한다.

20대 국회의원 지역구 당선자 253명 중 서울대 67명(26%), 고려대 35명(14%), 연세대 20명(7.9%)으로 전체의 47.9%를 세 개 대학 출신이 차지하고 있다(〈한국경제〉, 2016. 4.19.).

사회적 경험에 의해 몇몇 엘리트 대학이 한국 사회에서 이른바 '출세의 관문'이라는 신화와 믿음이 형성되었다. 이런 몇몇 엘리트 대학의 사회적 실체를 '학벌'이라고 비판적으로 통칭하고 있다.

그러나 엘리트 대학 중심의 학벌 구조를 우리 사회는 고스란히 받아들였고 '공부만 잘하면 누구에게나 이런 기회가 열려 있다'는 기대가 형성되었다. 조선시대, 일제 강점기, 그리고 현재까지 이 굳건한 믿음은 '공부를 잘하면 성공할 수 있다'는 것이다. 능력만 있으면 '개천의 용'이 될 수 있다는 믿음은 우리 사회의 발전의 원동력이 되었고, 공정한 경쟁을 통한 계층 상승이 가능한 사회라는 희망을 주었다.

'개천의 용'이 되기 위한 첫 관문이 대학입시다. 대학입시는 우리 사회의 리더 후보를 선발하는 중요한 사회적 기능을 담당하고 있다. 따라서 엘리트 대학의 합격은 파워 엘리트 후보로서 자신의 능력을 입증한 것이고, 또한 능력을 인정받는 것이다. 진학한 대학이 거꾸로 개인의 능력을 보증해준다. 시험을 통해 자신의 능력을 입증하고 나아가 사회로부터 능력을 인정받게 되는 시험능력주의 사회가 대학입시를 통해 구조화된 것이다.

시험능력주의 사회에서 인재상은 공부를 잘하는 사람이다. 시험을 통해 자신의 능력을 검증받은 사람이다. 과거제도, 고등문관시험, 고등고시 그리고 대학입시로 면면히 이어져 오는 뿌리 깊은 전통이다.

시험능력주의 사회에서는 공부와 인격적인 가치를 동일시하는 경향이 강하다. 학문과 인격 수양을 하나로 보는 성리학적 가치관의 영향이다. 공부를 잘하면 지적 능력, 성실성, 인내력, 성취동기, 자기 효능감 등이 매우 좋은 사람으로 인정받게 된다. 심지어 도덕적 인성까지도 좋은 것으로 인정받기 쉽다. 공부를 잘하면 '모범생'인 것이다. 반면에 '성적이

낮으면 불성실한 학생'이라는 은연중의 인식은 시험능력주의의 부작용이다.

공부 잘하는 사람, 즉 자신의 능력을 대학입시에서 잘 보여준 엘리트 대학 입학생은 곧 미래의 리더가 될 자질을 당연히 갖추고 있다는 신뢰를 받게 된다. 공부를 잘하면 능력과 인성을 모두 인정받게 되는 것이다. 결국 엘리트 대학의 진학은 실력과 사회적 품성을 모두 인정받는 길이 된다. 사회적 인정투쟁의 승리자가 되는 것이다.

유교적 전통에 뿌리를 둔 시험능력주의는 시험의 합격 여부 또는 성적이 곧 그 사람의 능력이며 나아가 인격적인 신뢰까지 얻을 수 있게 하는 것이다. 이런 시험능력주의 신화에 의해 지배 엘리트의 정통성에 대한 근거가 마련된다. 시험 성적은 개인의 능력과 노력의 결과이므로 성적이 좋은 사람은 우수한 인재이고 나아가 사회 지도층이 되는 것은 정당한 것이다. 대중은 이러한 시험 엘리트의 지배를 인정한다. 한국 파워 엘리트는 대학입시나 사법고시와 같은 시험에 의해 선발되고 능력을 입증한 만큼 강하게 정통성을 인정받는다.

토마 피케티(Thomas Piketty)는 개인의 재능과 노력에 따르는 불평등의 정당성을 수용하는 것을 근대적 민주성의 특징으로 들고 있는데(2014), 우리 사회는 이런 특징을 잘 보여주는 사례일 것이다.

특히 개인의 능력과 노력의 결과인 성적에 의한 학력의 배분과 나아가 사회적 지위의 배분이 정당하다는 강한 믿음을 갖고 있다. 문제는 시험이라는 단일한 도구를 능력 지표로 사용하는 시험능력주의라는 것이다.

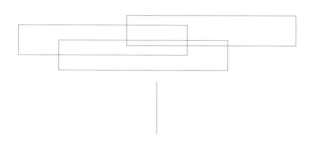

인재 선발권은 누구에게

대학입시 경쟁의 새로운 해석

사회의 변화와 발전에도 불구하고 엘리트 대학에 대한 선호는 쉽게 변하지 않는다. 계층 상승의 관문이라는 신화와 경험적 믿음이 굳건하기 때문이다.

국민 개개인의 관점에서 좋은 학벌의 쟁취는 사회적 인정투쟁에서 승리하는 것이고, 그 결과 자신의 DNA가 우월하다는 것을 보여주는 것이다. 개인적 성취감이 클 것이다.

사회적 관점에서는 이런 경쟁을 통해 각 분야의 우수 인재를 확보한다는 의미가 있다. 각 분야의 경쟁력 있는 인재의 확보는 국가경쟁력을 좌우하는 중요한 일이다. 우수한 과학자, 엔지니어, 인문학자 등 다양한 분야의 인재들은 중요한 인적 자산이다. 이를 육성하는 학문적 수월성을 갖고 있는 대학의 존재와 이런 대학들을 향한 경쟁은 우리 사회의 발전 에너지이기도 하다.

엘리트 대학에 대한 강한 열망은 부정적인 측면이 많지만 이를 사회적 실재로 인정하고, 이러한 열망을 사회적으로 유용한 에너지로 활용하는 새로운 접근 방식이 논의되어야 한다. 엘리트 대학의 존재를 현실로 인정하고, 이들 대학을 위한 경쟁을 우리 국가경쟁력의 원천으로 재해석하는 것이다. 고등교육 단계에서 엘리트의 집중 양성은 효율적인 면도 있다. 한정된 교수 자원과 교육 여건 등을 감안하면 더욱 그러하다. 전국의 공과대학에서 모두 다 세계적 수준의 엔지니어를 양성할 수는 없는 것이다.

서울대를 비롯한 몇몇 엘리트 대학은 대한민국의 사회적 실존이다. 이들 대학을 향한 경쟁 역시 현실적인 것이다. 이런 대학들이 국가 경쟁력에 끼치는 영향은 매우 크다. 그리고 이런 대학을 향한 학습 열기는 매우 중요한 국가적 에너지이기도 하다. 역설적으로 우리나라 학생들의 학습 열기가 사라진다면 국가경쟁력에 큰 손실을 가져올 것이다. 따라서 대학을 향한 경쟁을 현실적인 것으로 받아들이되, 진정한 인적자원의 가치를 축적할 수 있는 방향으로 즉, 사회적으로 유용한 경쟁으로 전환하도록 하는 것이 사회적 교육정책의 핵심 전략이라 할 수 있다.

사회적으로 유용한 경쟁을 위해서는 시험능력주의의 한계를 극복할 수 있는 미래지향적인 인재 선발 방식을 새롭게 고민할 필요가 있다. 지적 능력, 인성, 사회적 품성을 모두 배양할 수 있는 유용한 경쟁을 촉진할 수 있는 평가 시스템에 대한 고민이 필요하다.

엘리트 대학의 학생 선발에 대한 사회적 형평성도 깊이 고려되어야 할 요소이고 점차 그 중요성이 커지고 있다. 상위 계층의 엘리트 대학에 대한 독점의 심화는 계층 상승에 대한 기회가 차단되는 것이고, 교육의 양극화를 심화시켜 결국은 국가경쟁력의 큰 저해요인이 될 것이다. 따라서 엘리트 대학을 인정한다고 해도 이를 특정 계층이 독점하는 것은 막아야 하는 것이 역시 중요한 사회적 교육정책의 과제다.

인재 선발 방식은 누가 정하는가

엘리트 대학의 입학이 한국 사회에서 매우 큰 중요성을 갖기 때문에 '어떤 방법으로 선발할 것인가'는 첨예한 문제가 된다. 대학입시가 폭발적인 사회적 관심사인 이유다.

대학의 학생 선발권은 학문의 자유에 속한다. 중세 시대부터 발전한 대학은 학문의 자유와 치외법권적인 특권을 누려왔다. 따라서 자기 대학에서 공부할 기회를 누구에게 줄 것인가는 전적으로 대학이 결정할 문제다. 이러한 전통은 미국의 대학이 강하게 이어받고 있다. 미국 대학의 학생 선발권은 국가의 제도적 간섭 없이 전적으로 대학의 자율에 맡겨져 있다. 아프리칸 아메리칸 등 소수자를 우대하는 선발도 사회적 정의를 구현하기 위한 대학의 지성적이고 자율적 결단이다.

유럽 대륙의 경우, 근대 국가 이후 국가가 일정 부분 대학입시의 기본 틀을 마련했다. 프랑스의 바칼로레아(Baccalauréat), 독일의 아비투어(Abitur) 등 통일된 고등학교 졸업자격시험 또는 대학 입학 자격시험의 도입과 활용이 대표적이다.

우리의 경우는 대학입시가 국가의 강력한 규율 아래 놓여 있다. 학생 선발의 기본적인 사항이 법령으로 정해져 있으며, 국립과 사립을 불문하고 동일한 제도적 틀을 유지하고 있다. 해방 이후 국가주도 공교육 체제를 발전시켜왔고 대학입시를 향한 치열한 경쟁으로 대입제도의 공적인 관리가 무엇보다도 중요한 정치·사회적 과제였기 때문이다. 대학입시가 고등학교 교육에 미치는 영향과 과열 경쟁으로 인한 사교육 문제 등은 국가가 적극적으로 개입하는 명분이 되고 있다.

상대적으로 대학은 학생 선발의 자율성을 적게 누리게 된다. 과거 본고사라고 불리는 서술형 교과 평가를 하지 못하는 것이 대표적이다. 소수자 우대나 전형 유형별 선발 비율을 정하는 것도 사실상 국가의 정책적 영향을 받고 있다.

대학의 학생 선발제도를 국가가 결정하는지 대학이 결정하는지는 각 나라의 사정에 달려 있다. 대학의 자율성을 강조하는 사회에서는 대학의 학문의 자유를 근거로 폭넓은 자유를 누리고 있고, 대학의 공공성을 강조하는 사회에서는 기본적인 제도를 국가가 정하고 있다. 사회의 관리 방식이 시장경제의 자유방임에서 국가 개입주의로 그리고 절충주의로 발전해 가듯이 대학의 자율과 사회적 가치 실현을 위한 공적 관리의 적정점을 찾는 것이 필요하다.

대학 입학은 권리인가 기회인가

대학입시에 대해 공적 개입이 강한 사회에서는 대학의 학생 선발권보다는 학생의 입학할 권리가 더욱 중요하게 된다. 특히, 객관식 점수 또는 표준화된 등급을 정하는 평가 시스템에서는 더욱 그러하다. 예를 들면, 몇 점의 점수 또는 등급을 얻은 지원자는 일정한 순위 안에 들면 합격할 권리가 발생하게 된다. 이를 어기면 해당 대학은 대입의 공정성을 상실하게 되고 법적 제재를 받게 된다. 공정한 입시는 바로 학생의 입학 권리를 객관화하는 것이다. 달리 표현하면, 시장에서 물건을 거래할 때 최고가로 구매자를 결정하는 경매방식과 유사하다. 최고가를 써낸 사람을 구매자로 정하듯이 최고 점수를 얻은 지원자를 합격자로 정하는 것이다.

반면에 대학의 자율성이 충분히 보장되는 선발제도에서는 지원자 중에서 적합한 학생을 선발하는 것은 전적으로 대학의 권리다. 특히 미국식 입학사정관제에서는 더욱 그렇다. 대학은 자기 대학의 발전을 위해 필요한 인재를 최선을 다해 선발한다. 성적, 방과 후 활동, 봉사활동, 에세이 등 다양한 자료를 종합하여 선발한다. 학생은 자기가 왜 선발되었는지 명확히 알 수는 없다. 자기소개서, 성적, 추천서 등을 제시하며 자기를 선발하여 주기를 간절하게 호소하는 길뿐이다. 대학은 이런 지원자에게 자기 대학에서 공부할 기회를 주는 것이다.

지원자 입장에서는 원하는 대학에 합격하면 그 대학이 정말로 고마울 것이다. 이런 고마움은 나중에 기부금으로 이어지게 된다. 원하는 대학에서 뽑아주었고, 그 덕분에 열심히 공부하여 사회에서 성공하게 되었다는 고마움의 표현이다.

우리의 경우는 나의 실력으로 합격을 쟁취한 것이기 때문에 내가 합격한 대학에서 공부하는 것은 나의 권리이지 고마운 일은 아니다. 대학이 나를 뽑아준 것이 아니라 내가 땀 흘려 공부한 당연한 결과인 것이다.

대학이 학생에게 공부할 기회를 주는 것인가, 학생이 대학에서 공부할 권리를 쟁취하는 것인가에 대한 사회적 입장은 입시제도에 국가가 어느 정도 개입할 것인가를 정하는 바로미터가 된다. 왜냐하면 대학의 학생 선택권을 억제하고 객관적 공정성을 극대화하기 위해서는 직·간접적인 국가의 개입이 필요하기 때문이다. 이것이 우리 입시제도가 국가의 개입을 많이 필요로 하는 이유다. 고득점 순으로 합격자를 정하는 성적경매방식의 입시제도를 유지하기 위해서는 촘촘한 규제가 필요한 것이다.

독과점을 보장하는 대학입시제도 : 변별력 신화

서울대학교를 비롯한 몇몇 사립대학의 입시는 온 국민의 관심사다. 초·중등 교육이 이들 대학의 입시 방향에서 큰 영향을 받는다. 이들 몇몇 대학을 위한 치열한 경쟁이 우리 초중등 교육을 왜곡하는 원인이 되고 있다. 대학입시가 문제라곤 하지만 실은 이들 몇몇 대학과 넓게는 소위 'in-서울' 대학에 진학하기 위한 경쟁이 문제인 것이다.

서울대를 비롯한 몇몇 사립대학은 정부의 입시정책에도 큰 영향을 주고 있다. 우리 사회의 저변에 흐르는 성공 신화 또는 시험능력주의에 따라 이들 대학의 선발이 무엇보다 중요한 사회적 의미를 갖기 때문이다. 대입제도는 이런 엘리트 대학이 인재를 잘 선발할 수 있도록 설계되어야 한다. 그렇지 못하면 실패한 입시제도이고 사회적 지탄을 받게 된다. 사실상 이들 대학을 위한 기술적 장치가 변별력이다.

우리 입시제도는 이 변별력 신화에 갇혀 있다. 그것도 국가가 책임지고 변별력을 보장해주는 것이다. 수능 등급제 실시 이전에(학력고사 시절을 포함하여) 고득점자의 적절한 분포는 수능의 성패를 가르는 중요한 요인이었다.

왜 이런 고득점자의 적정 분포가 중요한가? 그것은 서울대의 변별력, 그 뒤를 잇는 몇몇 대학의 변별력을 보장해주는 성적 분포가 필요하기 때문이다. 선호하는 대학 순서대로 적절한 성적 분포가 있어야 적정하게 점수 순서대로 학생을 선발할 수 있기 때문이다. 입시제도의 강한 변별력은 결국 몇몇 대학의 우수 학생의 독점권을 강화하는 장치인 것이다.

변별력이 문제가 된 사례를 살펴본다.

2001학년도 수능은 전 과목 만점자가 66명에 달했고 400점 만점에 390점 이상 초고득점자가 7,941명이 되었다. 이런 상황에서는 성적순으로 선발하는 서울대 입시에서 혼란이 온다. 너무 많은 학생이 서울대학교의 입학권을 주장하게 되는 것이다. 서울대 정원 3천 명을 가정하면 전국 석차 1등에서 3천 등까지 원만하게 서울대에 진학하는 것이 잘된 입시 결과인 것이다.

그런데 2002학년도 수능에서는 갑자기 어려운 수능으로(이른바 '불수능') 바뀌어 극단적인 선택을 하는 수험생이 속출할 정도로 사회 문제가 되었다. 결국 이 일로 당시 김대중 대통령이 대국민 사과를 해야만 했다(2001.11.13.). 우리나라는 대학입시를 위한 국가시험의 난이도 조절 실패로 대통령이 사과하는 유일한 나라일 것이다.

난이도 조절이 문제가 되는 이유는 기존 입시 업체의 배치표가 무용지물이 되고 성적순에 의한 진학지도가 어려워지기 때문이다. 서울대를 비롯한 몇몇 대학의 안정적인 학생 독점이 어렵게 되고 학생, 학부모들의 성적에 의한 대학 입학의 권리가 불확실해지기 때문이다. 이른바 '깜깜이 입시'는 수용하기 어려운 것이다.

1980년 이전에는 교과형 논술시험('본고사'라 칭함)을 중심으로 하는 대학별고사를 통한 입시가 이루어졌다. 단일 성적에 의한 비교가 불가능하기에 대학의 서열을 가릴 수 없는 체제였다.

그러나 1980년부터 도입된 학력고사 체제는 단일한 객관식 성적에 의해 선발하는 것이다. 그렇게 해서 진로 불문, 적성 불문하고 오직 성적에 따라 지원하는 '성적경매 방식의 입시제도'라는 최악의 결과를 낳게 되었다.

이로 인한 심각한 부작용은 대학 서열화의 고착이다. 배치표가 대학 랭킹을 정하고 그 랭킹에 따라 지원하는 악순환이 발생하는 과정에서 대학 서열은 고착되었다.

이렇게 형성된 대학 서열화의 가장 큰 혜택은 배치표의 상단에 위치하는 몇몇 대학에 돌아갔다. 진로와 적성에 대한 고민 없이 성적에 따라 지원하는 학생들은 고스란히 피해자가 되었다. 정부의 대학입시에 대한 강한 개입이 역설적으로 대학 서열화를 공고하게 만든 것이다.

이러한 병폐를 해결하기 위해 참여정부에서 수능 등급제가 논의되었다. 처음 등급제 도입 당시, 5등급제와 9등급제 논란이 치열하게 전개되었다. 5등급제는 1등급 비율이 너무 많아 상위권 대학의 학생 선발을 어렵게 한다는 이유로 채택되지 못했다. 5등급제는 1등급의 비율이 늘어나기 때문에 소수 대학의 우수학생 독점이 완화될 것이다. 그러나 결국에는 9등급제가 채택되었다. 역시나 변별력의 문제에 부딪힌 것이다.

현재도 운영 중인 9등급제 역시 1~2등급이 대부분인 이른바 SKY 대학에서는 당연히 변별력이 약해지므로 각 교과의 등급을 반영하거나 표준점수를 활용하는 등 다양한 기술적인 변별력 기제가 복잡하게 추가되어 활용되고 있다.

학생의 진정한 능력이 중요한 것이 아니라, 오직 객관적인 변별요소의 세분화가 필요한 것이다. 학생의 능력은 동일한데 성적 반영 방식에 따라 우열이 가려진다. 변별력을 기반으로 하여 객관성과 공정성을 확보하기 위한 정부의 개입이, 한편으로는 학생의 대학 입학권을 강력하게 보장하기도 하지만 다른 한편으로는 몇몇 대학의 인재 독점권을 강화하는 결과를 낳는 것이다.

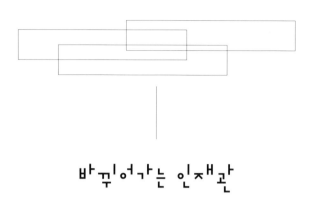

바꾸어가는 인재관

미래형 인재

공부 잘하는 사람, 즉 시험을 잘 보는 사람은 우리 사회의 지도층이
될 가능성이 매우 높다. 그러나 사법시험 폐지에서 보듯 변화의 조짐도
일고 있다. 여러 논란에도 불구하고 사법시험의 폐지는 시험 위주의 인재
선발을 극복하기 위한 노력의 일환이다.

조선시대에도 과거 합격자 중심의 인재상은 크게 흔들렸다. 조선 후
기에 들어 과거 합격자의 대량 배출과 매관매직(賣官賣職)에 따른 가렴주구
(苛斂誅求)는 조선의 정통성을 크게 흔드는 일이었다. 견디다 못해 전국적으
로 민란이 들불처럼 일어난 것은 더 이상 과거 합격자들의 통치를 받아
들이지 않겠다는 저항인 것이다.

결국 과거는 폐지되었지만 일제 강점기에 들어와 고등문관시험으로 시험 엘리트가 다시 등장했다. 해방 후에는 사법시험과 행정고등고시 등이 그 뒤를 이었다. 최근에 사법 권력에 대한 민주적 통제의 강조는 해방 후 우리 사회의 주류를 형성한 시험 엘리트에 대한 새로운 문제 제기다.

가드너(Howard Gardner)의 다중지능이론(Multiple Intelligence Theory)은 하나의 지능이 아니라 다양한 분야의 능력을 말하고 있다. 다양한 분야의 능력을 오로지 '시험'이라는 하나의 도구로 측정하기는 매우 어렵다. AI 시대에 창의성은 가장 중요한 능력으로 요구받고 있다. 이 역시 시험이라는 도구로 정확히 측정하기는 매우 어렵다. AI의 발전에 따라 암기식 단순 지식은 점점 더 쓸모 없어지고 있다.

기업의 인재관도 변하고 있다. 직무적성을 중시하고 면접을 통해 지원자의 잠재 역량을 평가한다. 산업사회의 '기술 추종형 인재관'이 '기술 선도형 인재관'으로 바뀌고 있는데 그 핵심 역량은 함께 일하는 능력, 창의적인 문제해결력 등이라고 할 수 있다. 이러한 능력은 단순 필기시험으로는 구별하기 어렵다. 능력과 성과를 중시하는 기업에서 이제 학벌은 큰 의미가 없다.

2020년 기준 삼성전자 전체 임원 1,051명을 살펴보면 서울대 출신이 104명으로 가장 많지만 그 비율은 9.8%에 불과하다(《중앙일보》, 2020.5.18.). 연세대는 6%(64명), 고려대는 5.5%(58명)로 세 개 대학을 모두 합해도 21.3% 정도다. 지금 현실은 이렇듯 사회적 통념과는 큰 차이를 보이고 있다.

직업세계의 분화 발전에 따른 직업관의 변천은 학생 개개인의 소질과 적성에 따른 진로 선택을 중시하게 된다. 4차 산업혁명 시대에 새롭게 등장하는 직업들은 진로 선택의 다양성을 크게 넓혀주고 있다.

사회적 다양성과 민주화의 진전도 인재관에 변화를 가져오고 있다. 복지 강화와 노동인권의 존중은 다양한 분야의 직업인에 대한 사회적 인정과 보수의 안정을 가져오게 되고, 그 결과로 특정 직업 분야의 쏠림을 완화할 수 있게 한다. 성숙한 민주주의를 통해 사회적 권력과 부의 집중이 완화되면 좁은 사다리에서 누군가를 밟고 위로 올라가려는 투쟁적 능력주의가 완화될 것이다.

민주화의 발전에 따른 선출직의 확대는 시험 엘리트가 아니라 정치 엘리트가 등장하는 계기가 된다. 정무직 엘리트나 NGO의 사회적 영향력이 시험 엘리트보다 우위에 서고 있다. 테크노크라시(technocracy)와 같은 엘리트에 대한 이른바 '민주적 통제' 현상이다. 따라서 시험 능력보다는 사회봉사, 리더십 등 사회적 인정을 받는 민주적인 품성을 갖춘 인재가 지도층으로 부상할 가능성이 높다. 21대 국회의원의 학력 구성에도 이런 변화의 조짐을 보이고 있다. 2020년 '사교육걱정없는세상'의 발표에 의하면 국회의원의 출신 대학은 서울대, 연세대, 고려대 출신이 37.2%로 20대에 비해 약 10%가 줄었다(〈연합뉴스〉 2020.4.27.).

이러한 변화는 대학의 학생 선발에도 영향을 주게 된다. 최근 들어 서울대학교를 비롯한 엘리트 대학들이 수능 성적이라는 단일 기준만으로 신입생을 선발하지 않으려는 경향성을 강하게 보이고 있다. 특히, 카이스트(KAIST)나 포항공대 등은 이공계 특성상 학업능력이 매우 중요한데도 수능 성적을 단일 기준으로 하는 선발은 최소화하고 있다. 우리 사회의 인재상에 대한 변화가 대학입시에 영향을 주고 있는 것이다.

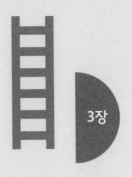

새로운 교육의 미래

: 고교학점제

고교학점제는 박근혜 정부 때 최초로 교육부에서 정책적 논의가 있었고, 문재인 정부의 국정과제로 채택되었다. 21세기 우리 교육의 시대적 과제라 할 수 있다.

고교학점제라는 명칭은 새롭지만, 사실 우리 교육과정을 기술된 대로 운영하면 실현되는 것이다. 그동안 시설, 교원 그리고 무엇보다도 대학입시의 경직성이 장애가 되어온 것이다. 고교학점제는 이러한 어려움을 극복하고 고등학교를 제대로 운영하자는 국가적인 결단이다. 새 제도의 도입에 따른 영향을 예측하긴 어려우나 우리 교육의 미래인 것은 틀림없다.

지금부터 소개하는 미국 실제 학교 사례를 통해 고교학점제를 이해하는 데 조금이나마 도움을 주고자 한다.

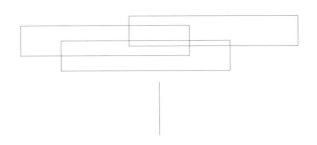

고교학점제의 의미와 미래

왜 고교학점제인가

고교학점제는 대학처럼 각자 이수한 교과의 학점을 근거로 졸업자격을 부여하는 교육과정 운영 시스템이다. 대학에도 교양과 전공의 필수 과목과 선택 과목이 있듯이, 고교에서도 필수 교과와 선택 교과가 제시되며 필수 학점을 이수하지 못하거나 졸업 학점을 채우지 못하면 유급을 하거나 제때 졸업하지 못하게 된다.

고교학점제는 우리보다 공교육을 앞서 실시하고 있는 미국 등 선진국에서는 이미 당연하게 운영되고 있는 제도다. 따라서 특별하게 '고교학점제'라는 제도적 명칭도 없다. 오늘날에는 학점 취득이라는 의미보다 다양한 교과의 선택에 제도적인 의미가 있다.

그동안 우리 고등학교는 본고사 시절 국·영·수 도구 과목이 강조되었고, 학력고사 이후에도 시험 과목 위주로 단순한 교육과정이 운영되었다. 군이 다양한 교과를 개설할 이유가 없었다. 시험과 관련된 교과가 아니면 학생들이 외면할 것이기 때문이다.

시설 여건이나 교원 수급 등의 한계도 다양한 선택적 교육과정을 개설하는 데 큰 장애가 되었다. 고교학점제는 선진적인 학교 인프라 구축이 필수적인 선행조건이다. 과거에 시도되었던 '교과교실제'도 명칭만 다르지 하드웨어적인 측면에서 고교학점제의 취지를 살리고자 한 것이다.

고교학점제를 통해 다양한 교과목의 이수 기회를 확대하는 것은 획일적인 교과 지식만을 배우는 소모적인 고등학교 교육을 개선하기 위한 시도라고 할 수 있다. 산업사회와는 차원이 다르게 급변하는 AI 시대에 요구되는, 미래 인재를 육성해야 한다는 시대적 요청에 부응하기 위한 교육 시스템의 혁신이다.

이제 우리나라의 국가적 역량은 선진적인 학교 시설을 구축하고 교원을 수급할 수 있는 충분한 여건을 갖추었다. AI 시대의 다양한 교육적 변화를 논하고 있지만 가장 근본적인 것은 학생 중심의 교육과정 혁신이고 그 방법이 고교학점제다. 따라서 고교학점제는 국가적 역량을 총동원해 모든 교육 가족이 합심하여 안착시켜야 할 과제다.

선택권 보장으로서의 고교학점제

고교학점제의 진정한 의미는 학생의 다양한 교과 선택권 보장에 있다. 선택권 보장은 교과의 다양성을 전제로 하는데 그것은 교과목 편성, 교사, 시설, 평가, 대입제도 등 우리 공교육에 큰 변화를 가져올 수밖에 없다. 이 다양성을 위한 여건을 제대로 갖추는 일이 앞으로의 과제다.

다양한 교과목의 개설은 그만큼 많은 수의 교사를 필요로 하게 된다. 예컨대 우리 고등학교에서는 제2외국어를 하나 아니면 두 개 정도만 개설하고 있는데 이는 학생들의 선택권을 크게 제한하는 것이다. 고교학점제에서는 적어도 네다섯 개의 외국어 강좌가 개설되어야 할 것이다. 예체능 과목의 선택권이 넓어지게 되면 한두 명의 담당 교사로서는 감당이 어려울 것이므로 더 많은 교사와 비용이 소요되게 된다.

그에 따른 시설도 마찬가지다. 교과목이 세분화되면서 자기 교실에서만 수업을 할 수가 없기 때문에 선택 교과목이 운영될 수 있는 교실의 수가 충분히 확보되어야 할 것이다. 교과교실제는 당연히 필요한 선행 조건이다.

내신 평가도 종래와 같이 단순 상대평가가 어려워진다, 소수 과목 선택의 경우는 매우 불리할 것이기 때문이다. 또한 같은 교과목이라도 선택에 따라 내용이나 난이도에 차이가 나는데 이를 무조건 상대평가하기가 어렵게 된다. 대학입시도 다양한 선택형 교육과정을 반영할 수 있는 적절한 시스템으로의 변화가 불가피하다.

다양성의 의미

고교학점제의 기본 취지인 다양성의 보장은 분야별 다양성과 수준별 다양성이라는 두 가지 측면이 있다. 후술하는 미국 고등학교 사례는 이것을 잘 보여주고 있다.

분야별 다양성, 즉 교육내용의 다양성은 여러 분야의 전문적인 교과목을 개설하는 것이다. 분야별 다양성은 교과 개설의 분권화와 관련되어 있다. 국가교육과정의 틀 내에서 각 시·도 교육청별로 또는 재위임을 받은 학교별로 다양한 교과목을 개설할 수 있는 권한이 부여되어야만 그 의미가 있다.

수준별 다양성은 조금 미묘한 의미가 있다. 같은 과목을 수준별로 나누어 가르치는 것이 아니라 수준별로 교과를 달리하는 것이다. 우열반 편성과는 다른 의미로 접근해야 한다. 각자의 적성과 역량에 맞는 교과를 선택하는 것이다. 이러한 체제가 정착하면 고교 평준화에 따른 하향평준화 문제는 발생하지 않는다. 각자의 능력에 따라 이수할 수 있도록 고급, 보통, 기초 과정이 충분히 제공되기 때문이다.

이 두 가지를 모두 포괄하여 학생들의 수준과 관심에 맞는 다양한 교과를 제공하고 선택할 수 있도록 하는 것이 진정한 고교학점제라고 할 수 있다. 우리 공교육은 이러한 고등학교 체제를 갖추어 가는 데 모든 노력을 경주해야 하며 이를 실현할 국가적인 역량도 갖추고 있다.

고교학점제와 대학입시

우리 고등학교에서 선택과목, 방과 후 학교 등 다양한 교육과정 운영이 중요해진 것은 입학사정관제(오늘날 학생부종합전형)가 도입된 2007년 이후의 일이다. 그 이전의 본고사나 학력고사 등에서는 교육과정을 다양하게 운영할 필요가 없고, 학생들에게도 불필요한 것이었다. 수능 과목이 아니면 수업이 제대로 운영되지 못할 정도였다.

본고사 시절에는 본고사 과목만 집중하고, 수능 시대에는 수능 과목에만 집중하는 학교와 학생들의 대응은 고등학교를 오직 대학입시만을 위해 존재하는 곳으로 변화시켰다. 이런 상황에서는 교육과정이라는 것이 무의미해지고 차라리 사설 학원이 더 효율적일 수 있다. 그나마 남아 있는 내신 반영이 없다면 고등학교는 존재 이유를 상실하고 말았을 것이다.

2010년대 들어 우리 대학입시의 가장 큰 변화인 학생부종합전형의 확대는 다양한 교육 활동을 촉진하는 계기가 되고 있다. 고교학점제와 같은 교육과정의 다양화는 평가체제의 변화를 가져올 수밖에 없다. 선발제도와 교육과정의 혁신은 함께 움직일 수밖에 없는 자전거의 두 바퀴와도 같다.

고교학점제 정착의 가장 중요한 관건은 대입제도의 변화라 할 수 있다. 다양한 과목을 개설해도 그것이 입시에 아무런 영향을 주지 못한다면 학생들은 외면할 것이다.

고교학점제는 학생의 진로적성을 중시하는 진로교육적 이상을 실현하는 방안이기도 하다. 공부 잘하는 것만을 평가하는 대신 각자의 진로적성 분야에 대한 열정, 잠재 역량 그리고 진로 적합성을 종합적으로 평가할 수 있을 때 고교학점제의 진정한 가치를 구현할 수 있다.

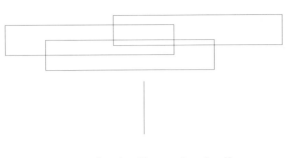

고교학점제 운영 사례

트럼불 고등학교

미국 고등학교의 초기 모델인 사립 아카데미는 대학 준비 학교로서의 성격이 강했고 대학이 요청하는 기초 교양과정을 담당하는 역할을 했다. 초기부터 고등학교의 발전이 대학과 긴밀하게 연관되어 있기 때문에 대학과 유사한 교육과정을 운영하는 시스템을 갖추게 되었다. 그 뒤 공립 고등학교도 자연스럽게 이런 형태로 발전해왔고 오늘날 미국의 고등학교는 대학처럼 학점제 또는 선택형 교과로 운영되고 있다.

코네티컷주에 있는 인구 6만 명 정도 되는 트럼불 지역의 트럼불 고등학교(Trumbull High School)를 통해 고교학점제의 실제 운영을 들여다볼 수 있다.

이를 통해 고교학점제, 교사평가제, 입학사정관제는 함께 작동하는 미국 공교육의 기본적인 제도임을 알 수 있다.

우리나라의 고교학점제 도입은 고등학교 체제의 큰 변화다. 그 선례가 없는 만큼 이 제도를 운영하고 있는 실제 학교 사례를 들여다보는 것은 우리 제도를 설계하는 데 큰 도움을 줄 것이다.

일반 현황

트럼불 고등학교는 학생 수가 약 2,000여 명에 이르는 큰 규모의 학교다. 4년제 고등학교이기 때문에 한 학년은 약 500명이다. 시설 차원에서 수업 가능한 교실은 120여 개에 달한다. 교직원은 교장 1, 부교장 3, 교과교사 131, 특수교사 13, 특수교육보조교사 21, 카운슬러 14명을 포함하여 사회복지사, 심리상담사 등이 20, 학교 간호사 3, 기타 지원인력 57명으로 구성되어 있다.

교육과정은 주 법에서 정한 최소한의 졸업 요건을 반영하여 트럼불 교육위원회(Trumbull Board of Education)에서 정한다. 코네티컷주는 2023 졸업년도 기준으로 졸업 학점을 종래의 20학점에서 25학점으로 상향 조정했다(2018 CT General Statutes, Title 10, Chapter 170, Section 19-221a). Humanities 영역에서 9학점, STEM 영역에서 9학점, 체육 1학점, 보건 1학점, 외국어 1학점, 졸업평가 1학점을 필수로 지정하고 있다.

트럼불 교육위원회는 각 교과별 이수학점, 교과군 내에 개설하는 과목의 수, 종류, 명칭, 커리큘럼 등을 정하는 자율권을 갖고 있다. 이에 따라 2023년 졸업년도 기준으로 트럼불 고등학교는 25학점을 졸업 학점으로 하는 각 영역별 이수 단위를 정하고 있다. 1학점은 매일 1시간씩 1년

간 이수를 기준으로 한다. 한 학기를 이수하는 과목은 0.5학점이 된다.

트럼불 고등학교에 개설되어 있는 과목 수는 총 253개로 예술 12, 비즈니스 13, 드라마 5, 직업교육 16, 영어 31, 가정·가사 8, 수학 21, 음악 16, 체육 10, 과학 23, 사회 29, 특수교육과정 15, 기술 13, 외국어 41개다. 그 밖에도 교외 프로그램에 대한 학점도 인정하고 있다.

트럼불 고등학교 교과 및 이수 학점(2023 졸업년도 기준)

Subject Area		Credits
Humanities		9.0
	Art, Dance, Drama, and/or Music	1.0
	English	4.0
	Social studies	3.0 (1.0 US History) (0.5 Civics)
	Additional Electives Labeled Humanities in the THS programs of Studies	1.0
STEM		9.0
	Mathematics	3.0
	Science	3.0
	Additional electives labeled STEM in the THS programs of Studies	3.0
Wellness		2.0
		1.0
		1.0
World Languages		1.0
Additional Electives		3.0
Mastery Based Diploma Assessment		1.0
Total		25.0

영역별 이수 학점만 정해져 있고 해당 영역 내에서는 모두 선택과목으로 구성되어 있다. 사실상 전 과목이 선택과목이다. 이 점이 교육과정 편성에 있어 우리와 가장 큰 차이점이다.

교과 다양성

한 학교에서 250개가 넘는 다양한 과목의 개설은 학생들을 위한 풍부한 교육 여건을 제공하고 있다는 것을 의미한다. 학문, 직업, 기술, 예체능 분야를 망라하는 다양한 과목이 개설되어 있으며, 각각의 과목에는 교육과정을 제대로 운영하기 위한 충분한 시설과 교사가 지원되고 있다. 따라서 학생들은 한 학교 내에서 자신의 진로와 적성을 좇아 다양하고 수준 높은 교육을 받을 수 있는 것이다.

예컨대, 직업교육 트랙인 '의류 디자인' 과목의 경우 취업을 위해서만 이수하는 것이 아니라 대학 진학 후 패션 기자가 희망인 성적이 우수한 학생도 이수하는 것이다. 우리의 공업계 과목의 하나인 CAD 과목도 대학에서 건축학을 전공할 생각이 있는 우수한 학생이 이수하기도 한다. 장래 희망이 건축가인 학생이 고등학교 때 CAD 과정을 이수했다는 것은 대학입시에서 설득력 있는 근거가 될 수 있을 것이다.

트럼불 고등학교의 법률 과목 교사는 변호사 자격을 갖고 있으며, 수업 시간에는 법정 증인신문을 연습한다. 미래 변호사를 희망하는 학생들에게는 좋은 체험 기회가 되는 것이다.

제2외국어는 불어, 이탈리아어, 스페인어, 라틴어를 위한 41개 강좌가 제공되고 있다.

사회(Social Studies) 개설 과목(총 29개)

기초 세계문화, 중급 세계문화, 고급 세계문화, 기초 미국사, 중급 미국사, 고급 미국사, AP 미국사, 기초 미국 경제, 중급 미국 경제, 고급 미국 경제, AP 경제학, 기초 미국 정치, 중급 미국 정치, AP 헌법, AP 미국 정부와 정치, 고고학과 역사 토픽, 비교종교학, 문화인류학, 고급 철학의 문제, 법과 정의, 고급 법과 정의(시민법), 고급 법과 정의(형법), 심리학, 사회학, 고급 Global Insights, AP 비교정치학, AP 유럽사, AP 심리학, AP 인문지리

음악에는 16개 과정이 있다. 3개의 음악실이 있고 마칭 밴드, 콘서트 밴드 등의 과목이 있는데 제대로 오케스트라를 구성하여 연습을 한다. 악기는 학교에서 제공한다.

미술실은 두 개가 있다. 하나는 그림을 그리는 곳이고 다른 하나는 도자기 실습실이다. 실습실에는 전기 가마가 3개나 준비되어 있는 덕분에 학생들은 실제로 도자기를 빚어 가마에 구워 내는 실습을 한다. 우리나라에서는 미술대학에서나 볼 수 있는 시설이다.

다양한 프로그램과 각 프로그램에서 정한 교육 목표를 달성할 수 있도록 인적·물적 자원을 충분히 제공하는 것이 고교학점제의 진정한 의미임을 알 수 있다. 이렇게 풍부하게 교육 여건이 갖추어지고 소질과 적성에 따른 선택이 가능하면 다양한 수업과 활동을 통해 공부 외에도 자신의 적성을 충분히 계발할 수 있을 것이다.

고교학점제가 추구하는 교과 다양성은 공부 잘하는 학생만을 위한 학교가 아니라 자신의 진로·적성에 따라 사회에서 필요한 여러 가지 능력을 배양할 수 있는 다양한 학습경험을 제공하는 학교라는 데 큰 의미가 있다.

트럼불 고등학교 전경

수준별·심화형 선택 교과

고교를 졸업하려면 각 교과 영역의 필수 이수학점을 이수해야 하며 교과 영역 내의 세부 교과목은 '미국사'와 '시민' 과목을 제외하고는 모두 선택과목으로 운영된다. 한 교과군 내에 다양한 과목이 개설되어 있을 뿐 아니라 같은 과목에서도 수준별로 과목이 세분화되어 있다.

수준별 과목은 보통 기초, 중급, 고급으로 나누어지는데 교육과정도 각각 분리되어 서술되어 있고 각각 하나의 독립된 과목으로 취급된다. 별 도의 과목 코드가 부여되고 평가도 완전히 독립적이다. 각 교과목에서 다 루는 내용의 깊이, 성취목표, 교수학습 방식, 평가내용 등에 큰 차이가 있다. 기초 대수학 I과 중급 대수학 I은 별도의 선택 과목으로 취급되며 학생의 성적표에도 과목 명칭이 다르게 표시되어 있다.

　이러한 수준별 과목 체계는 같은 교육과정 또는 교과목을 수준에 따라 나누어 수업만을 다르게 하는 것과는 완전히 다른 개념이다. 동일한 과목에 대한 분반 수업의 개념이 아니라 교육과정을 완전히 독립적으로 운영하는 것이다. 우리의 경우는 비록 수준별로 분반을 할지라도 평가 내용과 평가 기준은 동일하게 적용된다. 그러나 미국식 선택형 체계에서는 수준별 과목별로 완전히 독립적인 평가를 한다는 데서 우리와는 크게 다른 운영 방식이다.

　수준별 이수 과목 선택에서 수준을 낮추는 것은 가능하지만 높은 레벨을 선택하는 것은 학생의 뜻대로 되지는 않는다. 학생의 학습능력, 즉 성적 등이 높은 수준에 부합한다고 과목 교사와 최종적으로 카운슬러로부터 동의를 받아야 한다.

　영어, 수학, 과학, 사회 등은 완전 무작위 선택은 아니고 학년별로 차근차근 단계를 밟아가는 심화형 선택과정을 운영하고 있다. 수학을 예를 들면, 대수학(Algebra) I에는 기초, 중급, 고급 수준의 과정이 마련되어 있고 대수학 I을 이수한 후 대수학 II를 이수하고 그 후에 미적분(Calculus)을 이수하도록 하고 있다.

　고급 과정으로 올라갈수록 신청 요건이 있으며, 가장 높은 단계인 대학에서 학점을 인정받는 AP 과정은 까다로운 이수 조건이 부여된다. AP 통계학을 이수하려면 대수학 II에서 B 이상을 맞거나 고급 대수학을 이수해야 한다. 또, AP 미적분학을 이수하려면 기초미적분학에서 B+ 이상을 맞거나 고급 미적분을 이수해야 한다.

　학생들이 고려할 수 있는 수학 과목의 선택 옵션은 아래 도표와 같다.

수학 선택 로드맵

학년	기초 수준	중급 수준	우등(Honors) 수준
9	기초 대수학 입문	중급 대수학 1 고급 대수학 1	고급 대수학 2 고급 기하학
10	기초 대수학 1	중급 기하학 고급 기하학	고급 미적분 입문
11	기초 기하학	중급 대수학 2 고급 대수학 2	AP 미적분 AP 통계학 고급 수학 이론
12	기초 대수학 2	중급 미적분 입문 우등 미적분 입문 중급 통계학 중급 수학 일반	고급 분석학 AP 통계학 고급 수학 이론

이 로드맵을 보면 우등 과정의 트랙과 기초와 중급 단계의 트랙은 큰 차이가 나는 것을 알 수 있다. 표에는 나와 있지 않지만 다양한 사유로 기초 과목도 이수하지 못하는 학생을 위해서는 별도의 특수교육 과정이 개설되어 있다.

수학의 수준별 선택은 중학 과정인 8학년부터(우리의 중학 2학년)부터 시작된다. 중학교 8학년에서부터 기초 대수학 I, 중급 대수학 I, 고급 대수학 I로 이수 과목이 나누어진다. 따라서 가장 우수한 학생은 고등학교에서 고급 대수학 II부터 시작을 하는데, 그 이유는 중학교에서 이미 고급 대수학 I을 마쳤기 때문이다.

이처럼 수준별 트랙을 두고 있는 이유는 어느 한 수준을 교육과정 운영의 표준으로 정하면 어떤 학생들은 실패할 것이고 어떤 학생들은 더 많이 배울 기회를 갖지 못할 것이기 때문이다. 학습능력이 부족한 학생에

고등학교에서 가장 낮은 수준의(우리의 중2 정도 수준) 기초대수학입문 수업장면.
수학 교사 외에 특수교육 교사 1명, 특수교육보조원 2명이 수업을 돕고 있다

게 획일적인 교육과정 목표를 적용하면 낙제 점수를 받게 되고, 결국 의
무교육은 이수했으나 고교 졸업장을 취득하지 못하는 학생이 많이 발생
하게 될 것이다. 반면에 성취목표를 낮게 설정하면 우수한 학생은 높은
수준의 학습 기회를 제공받지 못할 것이다.

고교학점제를 통한 수준별·심화형 선택교과 운영은 분야의 다양성뿐
만 아니라 수월성 교육의 수요도 충분히 충족시켜줄 수 있기 때문에 우
리처럼 고교평준화에 따른 하향평준화 논란이 발생하지 않는다.

학습 평가 : 교사평가제

고등학교의 학습 평가는 다양한 수준별 선택형 교과 운영을 기반으로 하는 교사의 자율적 평가를 특징으로 한다. 우리 정책용어로는 '교사평가제'라고 한다. 각각의 교사들은 대학교수처럼 높은 수준의 수업운영과 평가의 자율성을 갖고 있다. 평정 방식, 평정 요소, 평정 기준, 평정 요소 간 비율 등 모든 것을 교사가 정한다. 즉, 중간고사 30%, 기말고사 50%, 수행평가 20%와 같은 평정 기준을 교육청이나 학교가 정하는 것이 아니라 교사가 각자의 교육 철학에 따라 정한다. 학교장도 전혀 관여하지 않는다.

이러한 자율성은 미국 고등학교의 장점이자 문제점으로 지적되기도 한다. 같은 과목이 수준별로 나누어 개설되어 있고, 동일한 과정이 여러 반으로 나누어 개설되어 있는 경우에는 여러 교사가 가르칠 수밖에 없으므로, 한 교사의 일관성과 신뢰성의 문제뿐 아니라 교사들 간의 격차 문제도 발생한다. 같은 수준의 과목이라도 분반에 따라 숙제, 퀴즈, 수행평가 과제, 단원 시험문제와 그 평가의 기준이 교사마다 다르기 때문이다. 어떤 교사는 좋은 학점을 많이 주지만 어떤 교사는 높은 성취목표를 정하고 있기 때문에 좋은 학점을 많이 주지 않을 수도 있다.

고교학점제에서 가장 어려운 점은 수준별 선택교과의 평가문제다. 수준별 선택에 따라 고급 수준의 학생이 중급 수준을 이수하면 높은 점수를 받기가 쉬울 것이다. 또한 고급 과정 이수자는 불이익을 받는 것처럼 보이기도 한다. 이런 의문은 대학입시와 관련하여 해결된다.

내신성적 산출 시에 트럼블 학교구의 경우 고급 과정에는 0.05점이, AP 과정에는 0.07점의 가산점이 주어진다. 또한 고급 과정의 이수는 입학사정관 전형에서 반영이 된다. 대학은 학생이 이수한 과목의 수준을 성적표를 통해 확인할 수 있으므로 낮은 수준의 과목을 이수한 학생의 학습능력을 높게 평가하지 않을 것이다. 좋은 대학에 진학하려는 학생은 높은 수준의 과정과 특히 AP 과정을 많이 이수해야 한다. 아이비리그에 진학하려는 학생은 AP 과목을 6~8개 정도를 성공적으로 이수해야 한다고 한다. AP 과정은 우리의 대학 1학년 과정을 미리 배우는 것이기 때문에 그 수준이 만만치 않다.

또 다른 문제는 '수준이 다른 같은 과목의 평가를 어떤 기준에 맞출 것인가'다. 인터뷰를 진행한 한 영어교사는 학업성취 목표를 기초 과정과 우등 과정에서 동일하게 적용해 기초반 작문(Writing) 과목에서는 A를 하나도 주지 않지만 우등반에는 많은 학생에게 A를 준다고 한다. 그러나 다른 교사는 기초 과정과 우등 과정에서 서로 다른 평가 척도를 적용해 A의 비율이 비슷하다고 한다.

평가의 공정성을 확보하기 위해 교사들은 숙제, 퀴즈, 단원평가, 프로젝트 평가, 중간 및 기말 평가의 결과들을 꼼꼼히 기록·관리하여 종합적으로 평정(評定)한다. 그러나 숙제, 프로젝트, 공식 시험 간의 반영 비율, 과제에 대한 평가방식 등이 교사마다 다르므로 비록 절차적인 신뢰성은 있다고 해도 교사 간 평정의 편차는 완전히 극복할 수 없다.

신뢰성을 높이기 위해 중간고사와 기말고사는 교사들이 공동으로 출제하기도 한다. 공동 출제된 성적 결과와 교사 평가 간의 격차를 비교하여 평정의 신뢰성을 높일 수 있다. 그러나 중간고사, 기말고사는 내신 산출을 위해 정형화 또는 공식화되어 있는 것이 아니고 여러 번의 시험 중 하나로 성적 산출을 위한 중요한 평정 요소 중 하나일 뿐이다. 중간·기말고사를 어느 정도 반영할 것인가는 전적으로 담당 교사가 결정하기 때문에 큰 편차를 방지하는 간접적인 압력이나 정보 제공은 가능하지만 그 이상의 신뢰성은 확보하기 어렵다.

같은 과목 내 분반의 경우, 학생의 반 배정은 컴퓨터에 의해 임의로 정해진다. 즉, 학생이 잘 가르친다거나 성적을 후하게 준다고 여겨지는 교사를 선택할 수 있는 것이 아니다.

또 하나 제기될 수 있는 문제는 대학입시를 의식한 성적 부풀리기다. 성적 평점이 담당 교사 주도의 수행평가에 의한 절대평가 방식이므로 이러한 우려가 높다고 할 수 있다.

교사마다 자신만의 평가 척도를 갖고 있다는 것은 교사마다 평가 척도가 다르다는 것을 뜻한다. 그러나 각 교사의 입장에서는 자신만의 일정한 평정 기준이 있다는 것을 의미하기도 한다. 이는 대학입시와 관련하여 성적 부풀리기 문제에 대한 간접적인 대안일 수도 있다. 주요 고등학교의 학점은 학교의 명성뿐 아니라 교사의 평판도 좌우한다. 만약 후한 점수를 남발한다면 유수한 대학에서는 이를 곧 알아차리게 되고 그 결과는 입시에서의 불이익으로 돌아올 것이기 때문이다. 입학사정관제가 발달한 대학의 입학담당자들은 자기가 담당하는 구역의 학교들과 선발한 학생들의 입학 후 성적을 지속적으로 모니터링하고 있으므로, 학점을 남발하는 교사의 학점과 추천서는 신뢰를 잃을 것이며 고등학교의 학력 수준에 대한 대학의 평가도 낮아질 것이기 때문이다.

트럼불 고등학교의 한 통계학 교사는 자기 과목을 이수한 학생들의 실력은 대학에서도 인정한다고 자랑스럽게 이야기했다. 교사가 같은 고교에서 계속 근무하는 특성상 학교의 평판뿐만 아니라 교사의 평판도 형성되기 때문에 성적 부풀리기 문제는 상호간에 견제 장치가 작동하는 것으로 보인다. 대학으로부터 좋은 고등학교로 인정받고 싶어 하는 학교와 교사는 학생들의 학점에 더욱 신중할 것이다.

대학은 학생 선발에서 같은 고등학교 지원자의 학점이라도 이수 과목과 수준이 다르기 때문에 획일적으로 평가할 수 없으며, 지역과 학교가 다르면 더더욱 그러할 것이다. 즉, 구조적으로 일괄적이고 통일된 내신 성적을 산출하고 반영하는 획일화된 입시제도 운영이 어려운 것이다. 이것은 미국식 입학사정관제가 발달할 수밖에 없는 이유이기도 하다.

진정한 고교학점제는 평가 시스템의 혁신 없이는 운영이 어려운 제도임을 알 수 있다.

수업과 교과서

교과서는 한 권이 1,000쪽에 달하는 경우가 많다. 대부분의 고등학교 교과서는 500쪽을 넘는다. 트럼불 고등학교에서 사용하는 교과서를 보면 세계 문화사 1,032쪽, 대수학 945쪽, 화학 949쪽이다.

교과서 분량이 많은 이유는 각 지역의 교육과정을 모두 반영할 수 없기 때문에 가급적 많은 부분을 다루기 때문이기도 하고, 내용을 비교적 풍부하게 만들려는 노력이기도 하다. 교과서 한 권의 가격은 보통 5만 원에서 8만 원 사이에 이른다. 교과서는 교육청이 구입하며 학생들이 대출하여 사용한다. 대부분 한 번 구입한 교과서는 5~7년 정도 사용한다. 사용 중 파손 또는 분실하면 배상해야 한다.

고등학교 교과서

수업 시간에 교과서를 사용하는 경우도 있지만 많은 경우, 교과서를 직접 사용하지 않는다. 교과서는 하나의 가이드라인이거나 수업 참고자료 중 하나일 뿐이다. 교과서 사용 여부는 교사의 자율 사항이다. 교사는 주 교육부가 정한 교육과정 표준과 학교구의 교육과정 로드맵을 따라 자신의 학습지도 자료(work sheet)를 개발하여 사용한다. 필요한 경우에는 교과서의 서술과 그림을 활용하지만 많은 경우에 교사가 직접 학습자료를 발굴하고 개발한다. 이러한 자료를 수업 교재, 수업 중 연습문제, 숙제 등에 활용한다.

이런 자료나 수업 내용은 교사마다 상이하며 따라서 가르치는 내용이 조금씩 다르기 때문에 숙제, 퀴즈, 단원평가 내용 역시 교사마다 상이하다. 거의 매주 실시되는 퀴즈와 한 달에 한 번꼴인 단원 평가, 중간, 기말고사 등이 교과서에서 출제되는 것이 아니라 교사가 가르친 내용에서 출제된다. 교과서 진도를 나가는 것이 아니라 교육과정을 소화해내는 수업이다.

이러한 교수학습 패턴에서 교과서를 따라가는 내신 사교육은 어렵기도 하고 필요성도 적다. 기본 학습능력을 배양하기 위한 사교육이나 가정교사 형태의 사교육은 가능해도, 내신 평가를 대비한 학원식 사교육은 제한적일 것이다. 같은 학교라도 교사마다 가르치는 내용과 평가 내용이 다르므로 이에 대비한 획일적인 학원 수업은 어려울 것이기 때문이다. 미국의 초중고 학교 앞에 학원이 없는 것은 우리와 너무 큰 차이를 보여준다.

또한 교과서 내용이 풍부하고, 교사가 교과서를 그대로 가르치지 않기 때문에 교과서에 따르는 참고서는 불필요하고 출판되지도 않는다. 각 과목별로 참고서를 별도로 구입하는 우리와는 큰 차이가 있다.

교과서를 잘 사용하지 않는데 많은 비용을 들여 교과서를 구입하는 이유에 대해 교육청에서는 교과서는 여러 수업 자료의 하나일 뿐이지만 기본 자료로 필요하다고 했다.

언어 과목의 경우는 문학작품이 곧 학습 주교재다. 교육과정에는 다루어야 할 문학도서 목록이 나열되어 있다. 예컨대, 11학년 영어의 경우 기본 교과서가 두 권이며 다루어야 할 도서로는 공통 도서로 6권, 추가 도서로 8권이 있다.

교사에 따라 다르긴 하지만 한 교사는 1년 동안 10권의 문학 작품을 다룬다고 한다. AP 영문학 과정에서는 셰익스피어의 〈오델로〉, 〈햄릿〉, 헤세의 〈싯다르타〉 등을 비롯한 15권의 문학작품을 다룬다. 언어는 4년 동안 매년 이수해야 하므로, 트럼블 고등학생은 고교 시절 적어도 40권의 문학작품을 읽고 분석하는 기회를 갖는 것이다.

11학년 영어 도서 목록

공 통	《허클베리 핀의 모험(The Adventures of Huckleberry Finn)》《새장에 갇힌 새가 왜 노래하는지 나는 아네(I Know Why the Caged Bird Sings)》《위대한 개츠비(The Great Gatsby)》《무기여 잘 있거라(A Farewell to Arms)》《세일즈맨의 죽음(Death of Salesman)》《펜스(Fences)》
추 가	《푸른 물속의 노란 뗏목(A Yellow Raft in Blue Water)》《죽음 앞의 교훈(A Lesson Before Dying)》《노인과 바다(The Old man and the Sea)》《뻐꾸기 둥지 위로 날아간 새(One Flew Over the Cuckoo's Nest)》《콩나무(The Bean Trees)》《물의 색(The Color of water)》《제일 파란 눈(The Bluest Eye)》《부엌신의 아내(The kitchen God's Wife)》

이러한 수업은 작품에 대한 분석과 비평이 주가 된다. 따라서 전형적인 토론식 수업이며 수행 평가 과제 역시 작품에 대한 분석이나 비평 등의 글을 쓰는 것이다. 가끔은 책을 실제로 읽었는지 확인하기 위한 퀴즈

가 주어지기도 한다.

이러한 영어 과목의 평가는 쓰기 과제물, 수업참여, 숙제, 프로젝트, 퀴즈, 에세이 테스트, 중간고사, 기말고사 등을 종합하여 산출한다.

영어뿐 아니라 대부분 과목의 교사들이 이러한 방식으로 학점을 산출한다. 이런 고등학교에서 좋은 학점을 받으려면 교사의 지도에 따라 매일매일 꾸준히 숙제하고 공부하는 것이 최선이라는 생각이 든다.

교사가 칠판에 판서하는 방식의 수업은 보기 힘들다. 필요에 따라 간단한 메모 수준의 판서가 있을 뿐이다. 대부분은 말로 전달하거나, 토론하거나 질의·응답을 하거나 학습지를 활용한다.

과외 활동(After-school Activity)

봉사활동, 클럽 활동, 스포츠 등의 방과 후 활동은 고등학교의 중요한 교육 프로그램이다. 봉사활동은 졸업 의무 사항이지만 클럽 활동과 스포츠 활동은 의무 사항은 아니다. 그러나 경쟁력 있는 대학에 가기 위해서는 다양한 클럽 활동과 스포츠 활동이 거의 필수적이기 때문에 많은 학생이 참여하고 있다.

방과 후 활동은 모두 수업이 종료한 이후부터 시작된다. 방과 후 충분한 시간을 확보하기 위해 고등학교 수업은 오후 2시 30분에 종료한다.

트럼불 고등학교에는 60여 개의 클럽이 있으며 교사들이 지도교사의 역할을 수행한다. 30여 개의 클럽은 학교로부터 공식적으로 예산을 지원받는 클럽이고 나머지는 예산 지원 없이 교사와 학생들이 자발적으로 운영하는 클럽이다. 지도 교사들의 수당과 학생들의 활동을 지원하기 위해 많은 예산을 사용하고 있다. 학생들의 활동은 각 클럽의 지도 교사가 관리한다.

트럼불 고등학교에는 50여 개 스포츠 팀이 있으며 80여 명의 코치가 있다. 대표적인 종목으로는 미식축구, 축구, 야구, 농구, 배구, 골프, 하키, 크로스컨트리, 수영, 소프트볼 등이 있다. 스포츠 활동에 지원되는 예산은 연간 10억 원 정도다. 코치 급여, 장비 구입, 경기참가 비용 등에 활용된다.

스포츠 예산은 교육청 전체 예산의 약 1% 규모이며, 고등학교 전체 예산의 약 6%에 해당하는 금액이다. 체육 활동에 많은 예산이 사용되고 있다는 것을 교육청에서도 인정하고 있다. 그 이유는 스포츠를 좋은 교육의 하나로 인식하는 주민들이 많은 투자를 원하기 때문이라고 한다. 교육위원들이 원하지 않으면 그런 예산을 확보할 수 없을 것이다.

스포츠 참가자 중에는 장차 운동선수를 목표로 하는 학생들도 있고 그렇지 않은 경우도 있다. 각 종목에서 희망자 중 잘하는 학생들을 선별하여 주전 선수로 기용하고 나머지는 그 스포츠를 즐기는 부류로 구분한다.

연습은 주말이나 방과 후 5시까지 약 2시간 30분 정도 이루어진다. 스포츠 종목은 계절의 특성을 감안하여 운영한다. 예컨대, 미식축구 등은 겨울철에는 운영하지 않는다. 학교 간 시합은 리그제로 운영된다. 코네티컷 주를 몇 개의 구역으로 나눈 다음, 구역 내 학교끼리 시합을 하는 것이다.

학교 스포츠의 활성화는 대학입시에도 큰 영향을 준다. 예일대학에 입학한 한 학생의 경우 성적이 상위권이면서 동시에 전국적인 수준의 크로스컨트리와 높이뛰기 선수였다. 교장과 진학지도 교사 모두 예일대 합격의 주요 요인이 탁월한 스포츠 능력이라고 말했다.

학교 스포츠의 활발한 운영은 엘리트 대학이 학습능력뿐 아니라 스포츠에도 뛰어난 학생을 선호하기 때문이다. 스포츠를 민주시민으로서 사회적 품성을 기르는 좋은 교육 프로그램으로 보는 사회와 대학의 믿음이 형성되어 있다고 볼 수 있다. 스포츠 역량을 대학입시에 반영하는 방식은 대학의 자율이다.

시간표

고등학교는 아침 일찍 시작한다. 트럼불 고등학교는 7시 25분까지 학교에 도착하고 7시 30분부터 1교시가 시작된다. 이렇게 일찍 시작하는 이유는 오후 2시 30분에 수업을 종료하고 그 이후에 방과 후 활동 시간을 확보하기 위해서다. 방과 후 활동에 참여하지 않는 학생은 집으로 간다. 또 하나는 스쿨버스를 효율적으로 사용할 수 있다. 고등학생 수송을 마친 후 중학교나 초등학교 학생들을 수송할 수 있는 것이다.

수업 시간은 45~47분이다. 우리와 같이 10분간 쉬는 시간이 없으며 수업 간에 4~5분의 이동 시간이 있다. 이 시간으로는 교실 이동만으로도 빠듯하여 사실상 쉬는 시간이 없으므로 화장실은 수업 중 언제든지 갈 수 있다.

하루에 8교시로 운영되고 있지만 고교학점제에 따라 보통 6과목을 이수하므로 학생 개개인을 기준으로 보면 2교시가 비게 된다. 1교시는 점심으로 활용하고 다른 하나는 휴식이나 자습시간으로 활용한다. 교사의 수업시수는 하루 5교시를 기준으로 한다.

학교 문화

복장은 자율이다. 수업을 직접 관찰한 바로는 모자, 짧은 치마, 귀걸이, 팔찌, 매니큐어 등도 허용된다.

남녀공학인 관계로 복도에서 포옹과 같은 애정 표현을 하는 것을 여러 번 목격했다. 안내하던 교사는 강력하게 제지하지 않았고 단지 학생의 이름을 부를 뿐이었다.

남학생의 대답은 이것이었다. "I love her."

이에 교사가 답한다. "I know!"

우리에게는 낯설고 충격적인 장면이다.

학생의 생활지도를 전담하는 부교장급의 학생 담당관(Dean of Students)이 있다. 이 학생 담당관은 클럽 활동, 생활지도, 자살 예방 교육 등을 담당한다.

학교 교육의 정보공개

'학생들이 학교에서 배워야 할 것을 잘 배우고 있는가?'

이것은 어느 사회나 공교육에 대한 가장 큰 질문일 것이다. 오랫동안 학교의 교육적 성과는 측정하기 어려웠고 잘 공개되지도 않았다.

미국에서 학교의 성과에 대한 정보공개는 1980년대 이후 공교육의 지속적인 학력저하 문제를 해결하기 위한 방안의 하나로 논의되었다. 정보공개를 통해 학생·학부모, 즉 교육 소비자의 선택권을 보장하면 학교 간 또는 지역 교육청 간의 경쟁을 촉진하여 공교육의 질을 향상시킬 수 있다는 가정에 기초하고 있다. 오랜 논란 끝에 2002년 NCLB(낙오방지법)이 시행되면서 각 주는 자체적으로 학력평가를 실시하고 이를 공개하는 제도를 도입하게 된다.

코네티컷주 트럼불 고등학교 현황(2017-2018)

	구성비	수학성적(백분위 평균)	대학진학율(2016)
Asian	7.5	80.1	미상
Black or African American	5.4	55.8	미상
Hispanic or Latino	10.5	54.7	87.5
White	75.5	67.7	88.9
급식지원자	10.2	57.7	80.0
급식 지원 비대상		68.6	
장애우	9.0	44.8	75.0
비장애우		69.2	

*http://edsight.ct.gov/SASPortal/main.do에서 일부 발췌

코네티컷주의 경우 주 교육부 홈페이지에 모든 학교구의 학력평가 성적을 공개하고 있다. 정보공개의 핵심인 학력평가는 3학년부터 8학년까지 읽기, 수학, 과학 평가를 매년 실시하고 그 결과를 공개한다. 고등학교는 10학년(우리의 고1에 해당)에 실시한다.

또한 코네티컷주의 모든 고등학교는 인종별, 교육복지 대상자, 특수교육 대상자에 대한 학력평가 평균 점수를 공개하고 있다. 또한 대학진학률도 공개되고 있다.

트럼불 고교의 각 인종별 수학 성적은 아시안이 월등하게 높고 아프리칸 아메리칸과 히스패닉이 낮게 나타나고 있다. 무상급식 지원을 받는 교육복지 지원 대상자는 비대상 학생들보다 약 11점이나 낮게 나타나고 있다. 장애학생과 비장애 학생 간의 수학 성적 격차도 매우 크게 나타나고 있다.

이러한 정보는 교육청 전체 데이터와 각 학교별 데이터가 동일한 형태로 제공되고 있다. 막연한 교육격차 논의가 아니라 실증적인 데이터를 통해 현상을 진단하고 있는 것이다. 이렇게 인종뿐 아니라 교육복지 대상자와 비대상자의 성적 격차를 한눈에 알 수 있게 정보를 제공하고 있어 교육청(school district)과 학교는 인종 간, 계층 간 교육격차를 고려하는 학습지원 전략을 수립하지 않을 수 없을 것이다. 주민들도 교육위원회에 교육의 질 향상을 적극적으로 요구할 것이다.

표준화된 학력평가와 그 결과의 공개에 대해서는 여러 논란이 있지만 인종 간·계층 간 격차가 현존하는 상황에서 각 지역과 학교의 정보를 공개하는 것은 큰 의미가 있다. 정보공개의 낙인 효과를 우려하는 측에서는 공개를 반대하지만, 적극적인 공개를 통해 교육격차를 완화하기 위한 학교의 책무성을 강화하는 것이 더욱 중요하다. 교육격차를 완화하기 위해서는 교육격차의 실상을 먼저 알아야 대처가 가능할 것이다.

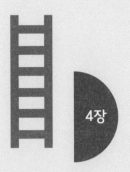

4장

개천의 용을 위한
사회적 대학입시제도

'개천의 용'은 여전히 우리 교육의 희망이다. 그 열쇠는 대학입시
제도의 사회적 공정성에 달려 있다.

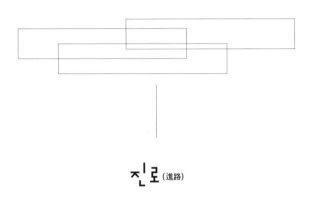

진로 (進路)

가는 길은 알고 가야

우리 교육부 역사상 진로교육을 위한 독자적인 조직을 설치한 것은 2011년이 처음이었다. 그전까지 진로교육은 직업교육 정책의 한 부분으로 다루어졌다. 새로 출범한 진로교육과의 첫 번째 과장을 맡게 된 것은 큰 행운이었다. 가붕개든, 개천의 용이든, 바다의 용이든 가는 길은 알고 가야 본인에게도 좋고 사회적으로도 바람직할 것이다.

진로진학 상담교사의 등장

신설 진로교육과의 첫 과제는 진로진학 상담교사제도를 현장에 안착시키는 것이었다. 일정 규모 이상의 중·고등학교에 1명씩의 진로진학상담교사(이하 진로교사) 배치를 추진했다. 진로교사는 미국 학교의 스쿨카운슬러(school counsellor)와 그 역할이 유사하며, '진로' 교과수업, 진로진학상담, 학교 진로교육(직업체험 등), 입학사정관제 컨설팅 등의 역할을 수행한다.

그러면 누가 진로교사를 할 것인가? 새로 교사를 충원할 수가 없으니 결국 기존 교사 중에서 선발하여 재교육을 할 수밖에 없었다. 정식 교사 자격으로 '진로진학상담'을 신설하고 부전공 자격연수를 실시했다.

제도 도입 당시 정부 일각에서는 기업 현장을 잘 모르는 교사들이 어떻게 진로교육을 하느냐는 반론도 있었다. 교사가 아니라 기업 경험이나 사회 경력이 있는 사람들이 진로교육을 맡아야 한다는 것이다. 특히 정부 입법 추진 과정에서 국무총리실의 '규제개혁위원회' 교수 위원들이 진로교사를 교사 자격증이 없는 일반인에게 개방해야 한다는 주장을 굽히지 않는 바람에 '진로교육법' 안이 규제심사를 통과하지 못했다. 그래서 진로교육법은 정부입법이 아닌 의원입법으로 추진되었다.

진로교육을 학교 밖 직장 경험이 있는 사람이 담당해야 한다는 주장은 사실 실현 불가능한 일이다. 수천 명의 일반인 신규 교사를 채용하기도 어려울 뿐 아니라, 교사자격증이 없는 사람이 정규 교과교사가 될 수 있다는 것은 공교육의 근본 체계를 흔드는 주장이다. 진로교육도 학교 교육의 일부임을 소홀히 생각한 것이고 우리 학생들 교육을 아무나 할 수 있다는, 교육에 대한 단견이다.

진로교사들의 열정

2011년 1월 겨울방학에 1,553명의 진로교사 부전공 자격연수가 시작되었다. 각 시도별로 진로교사 정원을 배분했다. 2011~2013년 동안 570시간의 부전공 자격연수를 통해 4,690명의 진로교사를 배치했다. 보통의 교과와 달리 진로교사는 교육부가 교과정원을 각 시·도별로 특정했다. 진로교사를 위한 '별도 정원'을 정한 것이다.

진로교사는 진로진학 상담부장을 담당하고, '진로와 직업' 교과수업은 주당 10시간 이내, 진로상담은 주당 평균 8시간 이상으로 정했다. 개별 교사의 부장 보직과 수업 시수를 교육부가 정한 것은 이례적인 일이다.

진로교사제도의 설계는 교육부가 진로교사들과 머리를 맞대고 치열하게 논의한 결과다. 진로교사의 역할 설정과 학교 현장에의 정착은 진로교사들의 노력과 실력으로 이루어낸 것이다.

특히, '전국진로진학상담교사협의회'는 전국 진로교사들의 협의체로 진로교육제도 형성에 큰 역할을 했다. 초대 전국회장인 김종우 선생님을 중심으로 각 시·도 대표단이 꾸려졌다.[5] 협의회 스스로 정보와 자료 공유, 자체 워크숍 등을 통해 역량을 키워 나갔다. 교사의 교육에 대한 열정이 어떻게 표출되는지 진로 선생님들을 보면서 느낄 수 있었다. 이런 열정이야말로 우리 교육의 힘이다.

진로교육은 현장 교사들이 스스로 안착시킨 것이다. 현장 교사들이 참여하여 교육개혁을 이루어낸 좋은 연구사례가 될 것이다. 진로교육 정

5　각 지역별 회장단 : 서울(김종우), 경기(정종회), 인천(김성길), 대전(문선호), 대구(김동기), 광주(김필중), 부산(천복현), 울산(김우룡), 강원(안병호), 충북(김경원), 충남(정대옥), 전북(김홍기), 전남(박진), 경북(강운식), 경남(허용회), 제주(김순천)

책의 화룡점정이라 할 수 있는 '진로교육법' 제정에 이 협의회가 큰 역할을 했으며, 의원 입법으로 추진한 지 3년 만에 2015년 역사적인 진로교육법이 제정되었다. 진로교육법은 진로교사들의 열정으로 쟁취한 것이다.

진로가 미래다

진로교육은 교육의 본질이다. 입시 위주의 꽉 막힌 교육에서 학생 스스로 자기 자신을 이해하고 미래를 설계하는 진로교육은 교사로서 큰 보람이 아닐 수 없다. "이제야 교사로서의 보람을 느낀다"고 말할 정도였다. 학생이 가진 잠재력을 계발할 수 있도록 돕는 것이 학교 교육 본연의 역할이기 때문이다.

이것저것 안 가리고 성적에만 매달리는 교육은 방향성을 잃고 모두를 힘들게 하는 것이다. 무엇을 배우는지도 모르고 배치표에 따라 대학과 전공을 선택하는 수능식 입시는 대학 진학 후에 많은 방황을 낳게 된다. 설사 수능 성적만으로 대학을 간다고 해도 무엇을 배우는 학과인지, 내가 그 학과의 적성에 맞는지는 알고 가야 하지 않을까?

진로교육에 대해 이야기하다 보면, 학부모들로부터 자신도 학창 시절에 이런 정보를 알았다면 다른 선택을 했을 거라는 이야기를 많이 듣게 된다. 진로교육의 핵심 중 하나는 '자기 자신이 좋아하는 일을 찾자'는 것이다. 그리고 '잘할 수 있는 일을 찾자'는 것이다.

성적이 가리키는 계량적 신호가 아니라, 나 자신에 대한 자각된 이해를 바탕으로 장래 진로를 고민하도록 하는 것이다. 결국 학생의 삶을 고민하게 하고 준비하게 하는 것이니 진로교육이야말로 교육 그 자체라고 할 수 있다. 이런 중요성과 보람을 현장에서 체득한 진로교사들은 엄청난 열정과 만족감으로 충만하게 되는 것이다.

진로교사가 배치된 후, 중학교에 자유학기제가 도입되었다. 중학교 자유학기제는 때마침 중학교에 진로교사가 배치되지 않았다면 정착하기 어려운 과제였다. 자유학기제의 핵심 프로그램의 하나인 직업체험은 진로교사 배치가 없었다면 현장 교사들의 반발을 크게 샀을 것이다. 많은 학생들의 직업 체험처를 정하고 체험 프로그램을 각 사업장과 협의하여 운영하는 것은 일반 교과교사들이 담당하기에는 너무 어려운 일이기 때문이다.

진로교육은 직업과 노동에 대한 올바른 시각을 제공해준다. '직업에는 귀천이 없다'는 말이 있지만 현실에서는 더 좋은 직업을 위해 성적 경쟁을 하고 있다. 내가 좋아하는 일이 아니라 사회적 보상이 높은 직업만을 추구하는 것이다. 그러나 내가 좋아하거나 잘하는 분야로의 다양한 진출은 각 분야의 고른 성장을 가져오고 나아가 직업적 귀천의식을 약화시킨다.

보통 1만 5천 개에서 2만여 개의 직업 종류가 있다고 한다. 동일한 출생년도의 인구를 40만으로 볼 때, 각각의 직업 분야에서 모두가 20등 안에 들어갈 수 있다. 이는 모두가 각자의 직업에서 최선을 다하면 그 분야의 전문가가 되고 성공할 수 있다는 의미다.

각자의 직업과 노동에 대한 존중 의식은 분업 체계를 기반으로 하는 시장민주주의를 위한 가장 기본적인 사회적 가치다. 진로교육은 인간이 존중받는 민주주의를 위한 교육이다.

진로교사들은 "진로가 미래다!"라고 외쳤다. 어디로 가야 할지를 스스로 찾도록 도와주는 진로교육이 진정한 교육이기 때문이다.

진로교육은 우리 교육의 미래다!

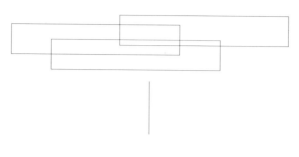

사회적 대학입시제도

시장 선호도와 공적 가치의 불일치

우리나라 모든 교육 문제는 대학입시로 귀착된다. 특히 서울대를 비롯한 몇몇 사립대학 입학을 위한 치열한 경쟁이 문제의 근원이다. 엘리트 대학에 대한 강한 선호는 치열한 경쟁을 낳고 사교육비, 과도한 학습, 객관식 위주의 평가, 학벌주의 등 여러 폐단을 낳고 있다. 입시를 위한 반복적인 학습이 미래를 준비하는 창의력과 문제해결력을 키우는 학습이라고는 누구도 동의하지 않는다.

이처럼 우리 입시체제가 갈등 상황에 놓여 있는 이유는 각 개인의 시장 선호도와 공적인 가치가 불일치하기 때문이다. 현실적 실존과 이성적 관념의 괴리인 것이다.

각 개개인은 교육의 가치, 미래 역량에 관심이 없다. 내가 원하는 대학에 진학하는 경쟁의 룰에만 관심을 갖는다. 경쟁의 룰은 당연히 객관적이고 공정해야 한다. 그리고 입시 결과가 예측 가능해야 하고 투자(사교육비)에 비례해야 한다. 대학이 주도권을 갖는 입시제도는 불편해진다.

반면에 교육의 공적 가치를 추구하는 측면에서는 과열 경쟁의 해소, 공교육 정상화, 미래역량 강화 등에 중점을 두고 있다. 지난 몇십 년 동안 우리 입시의 개선은 모두 이러한 가치를 지향했다. 그러나 이런 가치들이 실현되었다고 평가받는 입시개혁은 한 번도 없었다. 그 이유는 정부의 정책과 시장의 수요가 불일치하기 때문이다. 대학입시 시장의 참여자들은 고득점자 입학이라는 성적경매 방식을 선호하고 있기 때문이다.

최근에 새롭게 대두하는 문제는 시장 지배자들의 등장이다. 계층 양극화는 교육 양극화를 낳고 있고, 자사고 특목고 등은 공교육 내에서도 불평등을 초래하고 있다. 여기에 엘리트 대학의 입시 독과점을 도와주는 입시정책으로 인해 고소득층의 엘리트 대학에의 접근성은 그 어느 때보다 용이한 실정이다. 최근 공개되고 있는 국가장학금 수혜 현황을 보면 고소득 계층의 엘리트 대학 집중 현상은 부인할 수 없는 사실이다.

대입 정보공개의 중요성

시장민주주의에서는 개인의 자유로운 선택에 의한 경쟁이 중요한 배분 기제다. 고득점 경매방식의 경쟁적 입시제도가 우리 사회에서 정의로운 제도로 받아들여지는 것은 시장민주주의 가치에 충실한 결과다. 그러나 우리 입시제도는 모든 교육 문제의 원인으로 지목받고 있다. 폐단이 많은 성적경매 방식의 입시를 극복하기 위한 여러 시도들이 있었지만 아직까지는 백약이 무효인 상황이다.

치열한 경쟁을 피할 수 없는 사회적 현실이라면 교육의 공공성과 공교육의 가치를 확장하고 사회적 정의를 실현하는 경쟁으로 유도하기 위한 노력이 필요하다. 피할 수 없는 대학입시의 경쟁을 공공적 경쟁으로 전환시켜야 한다.

입시 결과의 공개는 대학입시의 공공성을 강화하기 위한 첫걸음이다. 시장경제에서 공정한 경쟁은 공정한 정보의 소통을 바탕으로 할 때 성립하듯, 입시 결과에 대한 사회적 지표의 공개는 대학에 대한 사회적 압력을 행사하는 새로운 전략이 될 것이다.

수능 성적의 지역별 계층별 결과는 공개되어야 한다. 낙인 효과를 이유로 하는 비공개는 교육격차 완화라는 공적 책무를 회피하는 좋은 명분이 된다. 정부는 마음만 먹으면 우편번호와 수능 성적 그리고 집값 사이의 상관관계를 정확히 분석할 수 있을 것이다. 수능 성적이 높은 곳과 집값이 높은 곳을 같은 색깔로 표시한다면 많은 지역에서 동일한 색깔로 겹쳐질 개연성이 매우 높다. 이러한 실태를 공개하면 특정 지역의 쏠림 현상이 더 심화될 것이라는 우려가 미공개의 주요 논거다. 그러나 이는 격차를 인정하지 않고 드러내지 않으려는 노력이고 격차를 더욱 심화시키는 데 기여할 뿐이다.

지역 간, 계층 간 교육격차에 대한 실증적 데이터가 있어야 격차를 줄이기 위한 전략 수립이 가능할 것이다. 지역 간, 계층 간 학력격차 완화를 위해 노력하는 것은 국가의 책무이기 때문이다.

각 대학은 신입생의 출신 고등학교, 소득 분포, 지역 등의 데이터를 공개해야 한다. 정보의 공개는 사회적 형평을 고려한 입시제도 발전을 위한 사회적 압력의 단초가 될 것이다. 이를 바탕으로 경쟁은 허용하되, 그 결과는 사회적으로 통제하는 새로운 입시제도의 설계가 가능할 것이다.

출신 고등학교와 지역 간 형평성을 고려하는 사회적 대입제도는 전국 고등학교의 지리적 위치에 따른 핸디캡을 보완하고, 경제·사회적 불균형에 따른 지역적인 격차를 보완하는 사회적 가치를 실현하는 방안이 될 것이다.

국가장학금 신청자의 소득 분포는 고등교육의 사회적 역할을 분석하는 좋은 자료가 된다. 예컨대, 지방 국립대학의 국가장학금 수혜 비율은 서울 소재 주요 대학의 2배에 이른다. 이는 지방 국립대학이 고등교육 기회 제공에 있어 계층 확장성이 매우 크다는 것을 알 수 있다. 따라서 지방 대학 육성과 우수학생 유치는 교육정책이면서 사회복지 정책인 것이다.

우리는 교육 분야에 엄청난 빅데이터를 갖고 있다. 중·고등학교의 교육복지 데이터와 대학의 국가장학금 데이터가 있고 각 대학은 입학한 학생의 입학 유형, 재학 중 성적과 졸업 후 취업 현황까지 모든 시계열 데이터를 갖고 있다. 이를 활용하면 저소득층 학생이 어떤 전형 방식으로 어느 대학에 진학을 많이 하며, 재학 중 학점과 졸업 후의 진로가 어떻게 되는지 파악할 수 있다. 이를 바탕으로 저소득층을 위한 고등교육 정책과 노동시장 정책을 정교하게 설계할 수 있을 것이다.

대한민국은 학교가 계층 상승에 기여하고 있는지, 단순히 계층 재생산 도구에 머무르고 있는지를 실증적으로 밝힐 수 있는 엄청난 빅데이터를 갖고 있다. 이러한 빅데이터를 활용하여 적정한 사회공학적 교육정책을 설계할 수 있을 것이다.

대학입시에 대한 정보 공개와 정책적인 활용은 앞으로 대학입시에 대한 정부 개입의 가장 중요한 영역이 되어야 하고 공정한 조정자로서의 정부 역할에 부합한다.

우리는 언제까지 객관식 수능으로 갈 것인가

수능 성적만으로 대학에 진학하기도 했고 때로는 논술 등이 추가되기도 했지만 1980년 이후, 학력고사 또는 수능이라는 국가 단위의 표준화된 학력평가제도는 우리 대입에 강력한 영향을 끼치고 있다.

수능은 우리 사회 지식평가의 척도가 되고 있다. 1980년대는 '학력고사 몇 점짜리인가'가 인생을 결정한다는 말이 있을 정도였고, 대기업 입사에서도 수능 성적을 묻기도 했다. 학력고사 또는 수학능력시험(1994학년도부터) 성적이 시험능력주의의 표상이 된 것이다.

인간의 잠재 가능성이 수능 성적 또는 등급이라는 단일 지표로 표시되고 인적 경매시장에서 거래되는 것은 산업사회의 효율화 모델의 전형이라 할 수 있다. 기계의 생산성을 표시하듯 인간의 지적 생산성이 수능 점수로 수치화되어 표시되는 것이다. 따라서 수능 시험의 한계점을 극복하기 위한 노력은 시험능력주의 사회를 극복하기 위한 중요한 시도가 될 것이다.

기술적인 의미에서 수능에 대한 가장 큰 비판은 객관식 5지선다형이라는 것이다. 정답을 고르는 능력만 집중적으로 훈련하는 것도 문제이거니와 비판적 사고, 창의력, 문제해결력 등 고차원적인 지적 능력을 평가하지 못한다는 것이다. 특히, AI 시대의 사회변화에 필요한 역량이 수능 체제에서 길러질 것인가에 대한 회의론이 강하게 제기되고 있다.

앞으로도 국가 관리형 수능 체제를 유지한다면 객관식 수능에 대한 근본적인 개선이 필요하다. 현실적인 경쟁이 존재하는 대입 구조에서 바람직한 지적 경쟁을 유도하는 것이 우리의 지적 역량을 축적하는 데 더 큰 도움이 될 것이기 때문이다. 평가를 피할 수 없다면 그리고 그 경쟁이 치열하다면 평가를 통해 우리 국민의 지적 역량을 축적하고 확대하는 방향으로 활용할 수 있을 것이다.

논술식 또는 서술식 수능의 도입은 선진 여러 나라에서 실시하고 있는 제도다. 영국, 프랑스, 독일, 핀란드 등이 대표적이고 중국, 호주, 러시아 등은 서술형을 일부 포함하는 형태다. 프랑스 바칼로레아의 철학 문제는 지적 자부심의 상징이기도 하다.

불평등 이슈

입시제도 개선에서 전형 방식, 전형 요소 등에 대한 논의가 많지만 앞으로 논의되어야 할 중요한 과제는 대학이라는 고등교육 기관에 접근하는 계층 간 격차 문제다. 정부가 공개를 하지 않고 있으나 수능 성적의 지역 간, 계층 간 격차가 크다는 것은 기정사실로 받아들여지고 있다. 지역 간 문화자본의 격차도 있지만 우리나라에서는 사교육 격차가 가장 중요한 요인이다. 특히 자사고, 특목고를 통로로 입시 사다리에 오르는 계층은 사교육 투자 여력이 매우 큰 계층일 것이다.

고등교육의 계층 격차를 간접적으로 보여주는 실증 데이터가 국가장학금 수혜 비율이다. 우리는 국가장학금을 신청하는 모든 대학 재학생의 소득 수준을 알 수 있는 빅데이터를 갖고 있다.

국가장학금 수혜자 비율이 지방 대학과 수도권의 유수한 대학 간에는 큰 격차가 있다. 2019년 1학기 국가장학금의 대학별 지급 비율을 보면 전국 평균은 53.56%지만 서울대는 24.67%, 연세대는 24.86%, 고려대는 25.09%에 불과하다(〈국민일보〉, 2019.9.25.). 이들 대학의 국가장학금 수혜 비율이 전국 평균의 절반에 불과한 것이다.

서울 소재 주요 대학의 국가장학금 수혜 비율이 낮다는 것은 사회적으로 인정받는 엘리트 대학에 대한 접근 가능성이 상위 계층에 매우 높다는 것을 뜻한다.

지역 간 격차를 보정하는 중요한 수단이 고등학교 내신제도다. 지역이 어디든 1등을 1등으로 인정하는 내신 등급제는 사회적 형평성을 도모하는 중요한 전형 요소다.

참여정부 시절에 내신 실질 반영률이 사회 문제가 된 적이 있다. 대학들이 내신 반영률을 내세웠지만 이는 명목에 불과하고 실질 반영률은 매우 낮았다. 명목적으로 40%를 반영한다고 해도 기본 점수를 높이거나 각 등급 간의 격차를 최소화하여 내신이 실질적으로 제 기능을 못 하도록 한 것이다.

내신 성적의 영향력을 완화하기 위한 몸부림이 엘리트 대학의 지난한 노력이었으며, 정부는 이런저런 회피 수단을 대학 자율이라는 명분으로 묵인하여 주기도 했다.

사회적 보정장치로서 내신의 중요성이 재평가되어야 한다. 객관적 공정성 못지않게 사회적 공정성도 중요한 가치이기 때문이다. 지역 간 계층 간 차이를 보정하는 데 고교 내신제도가 큰 역할을 할 수 있도록 우리 입시제도 설계에 지속적으로 고민해야 할 사안이다.

새로운 대안의 모색

시장민주주의, 복지사회, 4차 산업혁명의 가치를 고르게 담는 인재 양성과 선발제도가 필요하다. 엘리트 대학에 대한 치열한 경쟁을 인정하되 그 경쟁이 개인의 자아실현을 촉진하고 사회적 가치를 가져야 하며 지역 간, 계층 간 핸디캡을 보완하는 사회적 입시제도가 되어야 한다.

사회적 입시제도는 학력 경쟁을 인정하는 지성 중심 대입제도, 개인의 소질과 적성을 반영하는 진로적성 중심 대입제도, 사회적 가치를 실현하는 사회적 가치 중심 대입제도를 구현하는 것이다.

지성 중심 대입제도는 단순한 암기식 지식이 아니라 인간의 고등사고 능력과 비판 이성을 도야할 수 있는 지성을 평가할 수 있어야 한다는 것이다. 우리의 치열한 입시 경쟁을 국가 사회적 발전에 필요한 지성을 축적하는 기회로 활용하자는 것이다. AI 시대의 미래사회는 창의적 지성을 갖춘 인재를 필요로 한다. 이를 뒷받침할 수 있는 지적 역량을 키워줄 수 있는 평가 방식이 필요하다.

비용과 실행의 어려움 등을 이유로 국가가 이런 역량을 평가하는 시스템을 마련하지 못한다면 이제는 개별 대학에 이 역할을 맡겨야만 한다. 국가가 미래 인재를 위한 바람직한 평가제도를 운영하지 못한다면 입시에 대한 국가의 공적 책임을 다하지 못하는 것이고 개입의 명분 또한 약해진다. 국가주도 입시체제가 국가 경쟁력을 저해하는 요인이 되기 때문이다.

진로적성 중심 대입제도는 각 개인의 진로적성에 따라 평가가 이루어지고 대학 진학이 가능한 제도를 설계하는 것이다. 고교학점제가 정착되면 학생의 진로적성에 따른 선택형 교과가 운영된다. 이런 교육과정의 변화는 현재 우리나라의 국·영·수 위주의 평가체제와는 부합하지 않는다. 국·영·수뿐만 아니라 선택형 교과도 동일한 비중으로 평가가 이루어져야 한다. 예컨대, 영국의 'A-level' 평가 과목은 38개에 달한다. 학생은 자신의 진로적성에 따른 다양한 교과를 이수하고 평가를 받을 수 있는 것이다.

국가 단위 표준평가에서는(예컨대 수능) 국어, 외국어, 수학, 사회, 과학, 인문(철학 등), 예술, 기술 등 다양한 영역의 선택 과목을 더욱 확대해야 한다. 그리고 각 교과군의 영역별 중요도와 배점에 차이가 없이 등가성이 유지되어야 한다. 수학을 잘하는 학생과 역사 등 인문적 소양이 뛰어난 학생이 각각의 영역에서 동일하게 인정받을 수 있어야 한다. 수학의 배점 비중이 전체의 10%라고 한다면 역사에 소질 있는 학생은 역사 분야 선택 과목으로 10%의 비중을 선택할 수 있어야 한다는 뜻이다.

각 대학은 고등학교 때 어떤 과목을 이수했고 진로 분야를 위해 어떠한 노력을 했는지 볼 수 있어야 한다. 국가단위 표준 시험에서 어떤 과목을 선택했는지도 중요하다. 에세이를 통해 지원하는 전공 분야의 지적 능력을 평가할 수도 있고, 전공 분야에 대한 심층적인 구술 면접을 실시할 수도 있을 것이다. 학생의 진로적성 역량을 평가하는 것은 각 대학이 자율적으로 구성할 수 있어야 한다.

사회적 가치 중심 대입제도는 지역 간, 계층 간 격차를 보정하는 것이다. 거주지의 우편번호가 수능 성적의 수준과 관련이 높다고 예측되며, 거주지는 부모의 사회경제적 계층과도 밀접한 연관이 있다. 지역에 따른 공교육 투입요소가 모두 균질하지 못하고, 지역의 문화적 여건이 동일하지 못하고, 계층 간 사교육 투자의 격차가 큰 점을 감안하면 한 개인의 잠재적 능력보다는 사회적 환경에 따라서 경쟁의 유불리가 정해질 수 있다. 객관적인 수능 성적은 공정을 상징할 수 있지만, 이미 결과가 예측 가능한 불공정한 경쟁일 수 있다.

특정 대학의 학력이 미래 리더가 되는 데, 또는 사회적 지위 상승에 중요한 역할을 한다면 그 접근 기회에 대한 사회적 배분도 고려되어야 한다. 엄격한 능력중심주의의 표상인 조선시대 과거제도에서도 초시 합격자의 지역할당을 했다. 《경국대전》에 따르면 성균관 관시 50, 한성시 40을 할당하고, 향시 150명을 각 지역별로 나누었는데 경기도 20, 충청도 25, 전라도 25, 경상도 30, 강원도 15, 평안도 15, 황해도 10, 함경도 10명이다(한영우, 2013).

우수한 고등교육 기회의 지역별 안배는 국가균형발전뿐 아니라 '인재의 고른 등용'이라는 가치를 담고 있다. 지역적 배분과 함께 계층적 배려도 고려해야 한다. 고등교육이 계층 상승의 통로가 될 수 있도록 실질적인 기회를 열어주어야 한다. 지역별 안배는 고등학교별 또는 행정구역을 기준으로 최소 선발 인원을 배정하는 방식도 고민할 수 있다.

서울의 주요 대학들은 각 고등학교별 선발 인원에 제한을 두는 네거티브 방식도 고려할 필요가 있다. 특히 서울대 등 주요 엘리트 대학이 고교별 선발 인원수를 제한할 필요가 있다. 그러면 서울대학교 합격자 수로 고교 교육의 성과를 가름하는 병폐가 사라질 것이고 자사고, 특목고를 통해 엘리트 대학으로 향하는 패스트트랙(fast track)이 큰 의미가 없어질 것이다.

계층적 안배는 정원 외 특례입학의 확대뿐 아니라 정원 내 선발에서도 충분한 고려가 있어야 한다. 국가장학금 소득 분위가 낮은 학생이 많이 재학하는 대학에 재정지원을 대폭 확대하는 유인책이 필요하다. 이것이 각종 대학 평가에 중요한 지표로 반영되어야 한다.

PART II

교육정책의 경험적 단상

5장

대학 정책

세계 수준의 대학을 육성하기 위해서는
그 수준에 맞는 규제가 필요하다.

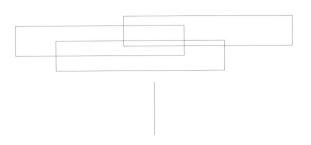

대학 입학금을 폐지하라

하란다고 진짜 하냐

대학 입학금 폐지는 문재인 정부의 국정과제다. 문재인 정부가 들어서고 몇 달 후에 교육부 국장으로 발령을 받았다. 학술장학관은 학술정책, 대학 재정지원 그리고 등록금과 국가장학금 업무를 담당하는 부서다. 대학 입학금 폐지는 새 정부의 국정과제인 만큼 담당 국장으로서는 풀어야 할 큰 숙제였다.

2017년 기준으로 전체 입학금 규모는 국립 151억 원, 사립 3,941억 원이었다. 1인당 평균 입학금은 국립이 15만 원, 사립이 77만 원 정도였다. 입학금은 적정 기준이 없어서 대학마다 큰 차이를 보였다. 사립의 경우 99만 원부터 15만 원까지 다양한 금액을 받고 있었다.

입학금의 문제점은 법적 근거가 모호하고 그 용처가 불분명하다는 것이다. 입학금은 그 연원을 거슬러 올라가기 힘들 정도로 모호한 제도다. 학생들은 입학금 사용처에 대해 강한 의혹을 갖고 있었고 반환 소송을 제기했다. 이처럼 대학 입학금 폐지는 대학생과 시민단체의 지속적인 요구 사항이었고 새 정부의 적극적인 추진이 필요한 현안 과제였다.

장기간 등록금 동결로 재정이 좋지 못한 대학의 입학금을 폐지하는 것은 어려운 과제임이 분명하고 회의적인 시각도 많았다. 사립대학 전체로 3,941억 원이라는 금액을 지원하기는커녕 잠식하는 것이니만큼 대학 육성의 책임도 갖고 있는 교육부 입장으로서는 곤란한 일이기도 했다. 본격적으로 입학금 폐지에 착수했을 때는 "하란다고 진짜 하냐?"라는 말을 듣기도 했다.

교육부는 우리나라의 학교 교육을 육성하고 지원하는 부처다. 사립대학도 당연히 지원하고 육성해야 하는 대상이다. 그러나 사립대학 정책은 국민적 이해와 갈등 관계가 발생하는 경우가 있다. 높은 등록금은 사립대에는 유리하지만 국민에게는 부담으로 작용한다. 입학금 폐지는 국민에게는 환영받는 일이지만 대학에게는 부담을 주는 정책이다. 이런 점들이 대학정책, 특히 사립대학 정책의 어려움이다. 육성 대상이기도 하지만 규제 대상이기도 하기 때문이다.

대학의 재정적 어려움을 좀 더 고려하는 입장에서는 대학 입학금 폐지가 무리한 정책으로 느껴질 수 있다. 그러나 국민의 입장에서는 추진해야 할 정책이기도 하다. "하란다고 진짜 하냐?"라는 말에 내포된 생각은 입학금 폐지가 대학의 재정을 생각할 때 어려운 일이지 않겠느냐는 염려의 표현이었을 것이다.

집권 정당의 공약은 국민에게 하는 약속이고 국정과제로 정해진다.

관료는 실현 가능성이 보이고 공적 가치가 있다면 국정과제를 실현하기 위해 열심히 노력할 따름이다.

협상과 협상

국립대학 입학금 폐지에는 큰 어려움이 없었다. 학생들이 내는 등록금 중 입학금과 수업료(1유형) 일부는 정부 수입이기 때문이다. 국립대학 입학금은 각 대학에서 사용할 수 있는 재원이 아니다. 정부는 입학금과 수업료 1유형 수입을 공제하고 각 대학에 인건비와 운영비 등을 지원한다. 국립대학 입학금이 폐지되면 정부 수입이 감소하는 것이고, 각 대학의 자체 재정이 줄어드는 것이 아니다. 국립대학 입학금은 실질적으로는 대학이 아니라 정부가 받아온 것이다. 결국 입학금 폐지가 국립대학 자체 재정에 영향을 주지 않기 때문에 국립대학의 동의를 쉽게 얻을 수 있었다. 이런 업무 추진에 국립대학 사무국장 경험이 큰 도움이 되었다.

논의 과정에서 전북에 있는 군산대학교가 가장 먼저 입학금 폐지를 선언했다. 군산 지역 경제의 어려움도 고려했고 학교 이미지 제고에 도움도 되었을 것이다.

문제는 사립이었다. 사립대학의 입학금은 전부 대학의 수입인데 이를 받지 못하도록 하는 것은 대학 재정의 손실을 감수하라는 것이 된다. 2017년 기준으로 9년째 등록금이 동결된 상황에서 대학의 반발은 불 보듯 뻔한 일이었다.

입학금제도의 약점은 '실제로 입학과 관련된 곳에 사용하느냐' 하는 것이다. 이를 파악하기 위해 먼저 대학 입학금 사용실태를 조사했다. 조사 결과, 입학금의 약 15% 정도만 학생들의 입학 과정에 실제로 사용된 것으로 나타났다. 이 조사 결과는 입학금 폐지의 정당성에 더욱 힘을 주는 결과였다. 나머지 85%는 입학과 무관한 곳에 사용하기 때문에 그 정당성에 문제가 있는 것이다. 그러나 대학은 오랫동안 관행으로 입학금을 등록금 수입으로 간주하여 사용해왔기 때문에 학생과 정부의 논리를 수용하기는 어려운 일이었다.

실태조사로 인해 정부의 협상 조건이 설정되었다. 입학 실비용과 단축 기간이 협상의 쟁점이 되었다. 정부 입장은 입학 실비용 15%를 제외한 나머지를 폐지하는 것인 반면, 사립대학 측은 입학실 비용 인정 비율을 높이려 하고 폐지하는 기간도 늘리려는 입장을 갖고 있었다.

1차 협상은 사립대학총장협의회(이하 사총협)의 임원진이 속한 대학의 기획처장들과 이루어졌다. 치열한 공방과 설득 속에 어느 정도 의견 접근이 이루어졌고 입학금 폐지 합의가 언론에 보도되기도 했다(《연합뉴스》, 2017.10.13.). 그러나 사총협의 추인을 받지 못했다. 입학금 폐지가 수포로 돌아갔다는 기사가 쏟아졌다. 이는 오히려 사립대학이 입학금 폐지에 반발하고 있다는 여론이 형성되었고, 사립대학은 상당한 압박을 느낄 수밖에 없었다.

이에 교육부는 입학금 폐지를 개별 대학의 자율에(?) 맡기고 입학금 폐지 이행계획을 받기 시작했다. 일종의 압박 작전이었다. 사립대학의 교육부에 대한 압박도 심해졌다.

이런 상황에서 다시 협상은 시작되었다. 사총협에서도 총회의 추인을 받은 협상단이 다시 꾸려졌다. 이때 교육부를 포위·설득하려는 사립대학의 압력을 피하기 위해 협상단에 학생 대표를 참여시켰다. 입학금의 이해 당사자인 학생의 참여는 묘수 중의 묘수였다. 정부와 대학 간 적당한 타협(?)의 가능성이 차단되는 것이고, 투명한 협상으로 학생들의 요구가 관철될 가능성이 높다는 것을 의미하는 것이다. 정부와 대학 간의 공식적인 논의에 학생을 당사자로 참여시킨 것은 극히 드문 사례일 것이다.

서울지역 몇 개 대학의 총학생회장들이 참석하여 입학금 폐지의 정당성을 주장했고, 협상은 학생 대표와 대학 대표 간의 논쟁이 주가 되었다. 논리적으로는 학생들의 주장이 더욱 설득력 있었다. 논리정연하고 분명하게 의사를 전달하는 그들의 모습이 대견스러웠다. 정부가 해야 할 말을 학생들이 다 했고 정부는 대학이 받아들일 수 있는 적정한 선을 제시하는 역할을 했다.

교육부는 새 정부 임기 내에 입학금 폐지, 20%의 실비용은 인정하고 나머지 폐지 부분을 국가장학금으로 인정, 대학 재정지원 확대 등을 협상안으로 제시했다. 진통 끝에 합의를 보게 되었고(2017.11.23.), 합의문 조정과 서명을 거쳐 2017년 11월 28일에 발표했다.

의미와 아쉬움

입학금 폐지의 합의는 대학, 학생, 정부가 진지한 논의를 통해 사회적인 합의를 이루어냈다는 데 큰 의미가 있다. 대학의 재정지원은 사립대학에 대한 일반지원 성격의 재정지원을 확대하여 전체 재정의 파이를 키우는 방향으로 가닥을 잡았다. 국가장학금 2유형에서 입학금 폐지 부분을 교내 장학금 실적으로 인정해주는 것은 대학에 큰 도움이 되었다.

아쉬운 점은 전문대학이었다. 대학 입학금 폐지에 앞장섰던 NGO나 4년제 대학의 총학생회장들, 그리고 언론도 전문대학의 입학금 폐지에는 무관심했다.

전문대학의 입학금 폐지는 순탄하지 못했다. 재정이 어려운 전문대학 측의 강한 반발이 있었다. 자리 보전이 어려울 정도로 심한 압박도 있었다. 공식적인 협의체를 구성하는 공개 논의 방식이 아닌, 교육부와 전문대학 측의 협상에 의해 폐지 방안이 결정되었다. 입학 실비용으로 4년제는 20%인데 반해 전문대는 33%를 인정했다(2018.2.19. 교육부 보도자료). 이것은 전문대학에 유리한 결론이고 학생들에게는 손해였다.

여론의 강한 지지를 받고 사회적 관심을 받은 4년제 대학보다 그렇지 못한 전문대학이 입학 실비용을 더 많이 인정받았다. 이는 정부의 정책 추진에 언론과 시민사회의 감시와 비판 기능이 중요한 변수가 될 수 있음을 보여주는 작은 사례일 것이다.

이렇듯 '직업교육'이라는 공적 기능이 강한 전문대학의 학생이 오히려 4년제 학생보다 입학금 몫을 더 내는 모순을 낳게 되었다. 학생의 입장, 국민의 입장에서 보면 불공정한 결과가 아닐 수 없다.

전문대학이 우리 산업의 중추인 전문인력을 양성하는 역할을 담당하는 중요한 공적 역할을 수행하는 만큼 학생 부담을 줄이고 국가의 공적 지원을 크게 확대해야 하며, 장기적으로는 등록금 부담 없이 다닐 수 있도록 무상 전환하는 것이 바람직한 직업교육정책이라 할 수 있다.

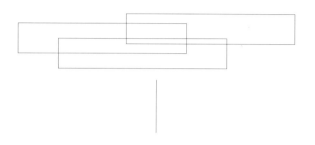

학사제도 개혁과 대학 혁신

대학 수업

고등학교까지는 무엇을 배울지를 국가가 교육과정으로 정해 놓는다. 교과서도 이에 맞추어 만들어야 한다. 그러나 대학에서 무엇을 가르칠지는 대학이 알아서 정한다. 각 개설 과목의 실제 수업내용은 전적으로 교수에게 달려 있다.

그러나 학위, 학기, 전공 등 학사에 관한 많은 부분이 법령으로 정해져 있다. 학사제도의 가장 핵심은 1학점의 인정 기준이다. 15시간의 수업을 1학점으로 설정하고 이를 기본 골격으로 하여 이수 학점과 학기 등이 정해진다.

서구의 대학은 교육 내용과 방식에 대해서는 대학의 자치권이 충분히 보장되어 학사에 대한 국가 개입이 매우 적다. 유럽은 각자의 학문적 전통에 따라 나라마다 학사, 석사, 박사의 수업 연한이 다르다. 이를 표준화시키거나 호환성을 높이는 것이 EU(유럽연합)의 지속적인 노력이다.

반면, 미국의 대학은 자율성과 다양성에도 불구하고 서로 호환이 가능한 비교적 통일적인 학사제도가 운영되고 있다. 여러 대학과 학문 분야의 자율적인 합의에 의해 표준적인 모델이 정해진다. 유럽과 달리 전통의 굴레보다는 새로운 학문 분야의 발전에 따른 다양한 학제가 가능하도록 하여 20세기 대학 혁신을 선도했다. 학부제, 전문대학원제도, 2~4학기제 등 다양한 학사운영제도가 발전했다. 전공과 학문 분야의 신설도 자유로웠다. 이를 통해 새로운 학문 분야가 탄생하고 세계 대학을 선도하는 것이다.

우리 대학은 미국식 학제를 근간으로 한다. 기본적으로 학부 4년, 석사 2년, 박사 3년이다. 전국의 대학이 유사한 학사제도를 운영하고 있다.

대학 혁신은 학사 혁신

대학은 교육과 연구 활동을 핵심 기능으로 수행한다. 미래 인재를 양성하는 교육 활동의 포맷 또는 제도화된 내용이 학사제도다. AI 시대의 도래처럼 사회가 변하고 요구되는 지식과 인재상이 변하게 되면 교육 내용과 방법이 달라져야 하고, 이를 뒷받침하는 것이 학사제도의 개혁이다.

학사제도의 골간은 '고등교육법'에 규정되어 있다. 국·사립을 막론하고 적용을 받는 촘촘한 규제 위주의 법령으로, 이 법에 의하면 '미네르바 스쿨'[6] 같이 여러 나라를 넘나드는 학습 시스템의 조직은 어렵다.

미네르바 스쿨의 수업 장면

　학사 관련 규제를 개선하여 21세기를 선도하는 대학이 나오기를 기대하며 2017년 '학사제도 개선 방안'을 마련했다. 학기제를 완전히 자율화하여 3학기제나 5학기제도 가능해졌다. 과목이나 전공별로 별도의 학기를 설정할 수 있다. 예를 들면, 1학점당 15시간이라는 기준만 준수하면 학기 중에도 별도로 4~6주짜리 과목 개설이 가능하다. 학교 전체가 모두 15주 한 학기 체제로 운영하지 않아도 되는 것이다.

　전공 선택도 학생 중심으로 자율화했다. A 학과에 입학해도 B 학과를 이수하고 B 학과 전공으로 졸업할 수 있게 하는 것이다. AI 시대에 첨단

　6　미네르바 스쿨(Minerva Schools at KGI)은 2014년에 벤 넬슨(Ben Nelson)이 설립한 4년제 대학이다. 물리적인 캠퍼스가 없이 100% 온라인 수업이며, 전 세계 7개국을 순환하면서 기숙사 생활을 한다.

119

학과는 공유전공으로 해결한다. 이로써 정원 이동 없이 가상의 프로그램 전공을 신설할 수 있도록 한다. 실질적으로 학과 간 장벽이 무의미해지는 것이다.

예를 들어, 드론 전공을 신설하려면 드론 학과를 만들어야 하고 이를 위해서는 따로 정원을 배정받아야 한다. 그러나 공유전공은 기존의 학과는 그대로 두고 학사운영상 가상의 드론 전공을 신설하여 학생들이 이 프로그램을 이수하면 관련 학위를 수여하는 것이다.

이 공유전공제도는 새롭게 부상하는 신기술에 능동적으로 대처할 수 있도록 한 것이다. 학과 간 정원 이동도 필요하지 않으므로 정원 조정에 따른 학내 갈등이 없게 된다. 별도의 학과 신설 없이 새로운 학문 분야를 신설하여 교육과 연구할 수 있는 기회도 갖게 된다. AI 시대의 드론, 로봇, 사물인터넷(IoT) 등 첨단 분야의 인재를 길러낼 수 있는 탄력적인 학사운영이 가능해진 것이다. 첨단 분야의 기업과 산학협력을 통해 맞춤형 인재를 양성하는 데 아주 유용할 것이다.

대학 혁신은 일어나는가

앞서 소개한 몇 가지 학사제도 개선사항은 대학의 기대를 훨씬 뛰어넘는 것이었다.

그럼 대학은 어떻게 변화하고 있는가? 전국적으로 보아 2017년의 학사제도 개선사항을 적극적으로 반영하는 대학은 많지 않다. 그러나 획일적으로 움직이는 것보다는 자율적으로 서서히 변해가는 것이 더욱 바람직할 것이다. 이전까지 정부는 재정지원 등을 조건으로 내걸어 새로운 제도를 강력하게 이식했다. 새로운 제도는 거부감이 일기 마련인데, 정부가 강제하면 대학은 겉으로 수용해도 속으로는 반발한다. 2017년의 학사제도 개선은 전적으로 대학에 맡기고 있다. 변화는 더디게 일어나고 있지만 4차 산업혁명 시대에 대응하기 위한 탄력적인 학사 운영의 필요성은 많은 대학이 공감하고 있고 공유전공이나 융합전공제도를 도입하는 대학이 확산되고 있다.

대학 혁신과 경쟁력 향상은 너무도 중요한 과제다. 강력한 산학연계를 대학 혁신의 모토로 하여 대학 혁신의 롤 모델이 되고 있는 애리조나 주립대학(ASU)처럼 우리도 다양한 대학 혁신의 모델이 나올 수 있어야 한다.

코로나19 사태를 맞이하여 원격수업의 확대 등 새로운 변화의 바람이 불고 있다. 교육부도 더욱 획기적인 학사 규제 완화를 내놓고 있다. 앞으로 학사제도는 대학 혁신을 방해하지 않을 정도로 개선될 것이다. 규제완화뿐 아니라 우리도 미네르바 스쿨 같은 혁신 모델이 나올 수 있도록 고등교육 정책에 대한 새로운 프레임이 필요하다.

새로운 시스템과 내용으로 학생들을 교육하는 것은 이제 대학의 몫이다. 정부 규제라는 틀 속에서 길들여지는 대학이 아니라, 대학 스스로 혁신의 길을 찾을 수 있도록 규제 프레임의 대전환이 필요하다. 한 대학의 부실 학사운영을 저지하기 위해 모든 대학을 규제하는 것이 아니라, 한 대학의 혁신을 위해 모든 대학의 규제를 철폐하는 전략적 대전환이 필요하다. 국제적인 대학평가에 참여하고 있지만 규제는 여전히 한국적이다. 세계 수준의 대학을 육성하기 위해서는 그 수준에 맞는 규제가 필요하다.

21세기를 이끌어가는 혁신적인 대학에 대한민국의 미래가 달려 있다.

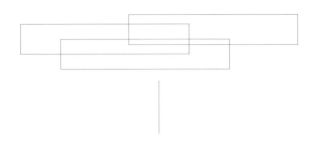

대학 재정지원은 콩나물시루에 물주기?

백화점식 재정지원

참여정부의 누리사업 진행 중에 어느 국립대학의 경영학부 교수들이 자기네 옆 학과의 사업단 선정을 취소해달라는 기이한 민원을 제기했다. 이유인즉, 경영학부의 일부 전공이 누리사업에 참여하고 있는데 참여하지 않는 다른 전공의 학생들의 불만이 많다는 것이었다. 누리사업에 참여하는 전공의 학생들은 장학금, 해외연수, 실습비 등의 엄청난 지원을 받는데 비해 다른 전공 재학생에게는 전혀 혜택이 없기 때문이다.

대학에 대한 대규모 재정지원 사업의 시작은 대학원이 김대중 정부 때 BK21사업, 학부는 참여정부 때 누리사업부터였다.[7] 누리사업은 2004년부터 5년 동안 1조 2천억 원을 투자했다. 이후 대학에 대한 재정

<김대중 정부 이후 대학 재정지원 사업 추이>

목적	2001년 (김대중 정부)	2007년 (노무현 정부)	2012년 (이명박 정부)	2016년 (박근혜 정부)
연구중심	■BK21 (1,851억/438개단)	■1단계 BK (2,810억/569개단)	■2단계 BK (2,031억/500개단)	■BK21 플러스 (2,725억/545개단)
특성화	■대학 다양화 특성화 지원 (630억/33개교)	■수도권NURI (600억/30개교)	■수도권 교육역량 강화(570억/35개교)	■수도권CK (542억/79개단)
특성화		■지방대NURI (2,594억/131개단)	■지방대 교육역량 강화(1,241억/62개교)	■지방대CK (1,925억/258개단)
특성화			■ACE(600억/25개교)	■ACE(594억/32개교)
특성화				■PRIME(2,012억/21개교)
특성화				■CORE(600억/19개교)
특성화				■평생교육단과대학 (300억/9개교)
특성화				■We-Up(50억/10개교)
특성화	■전문대학 다양화 특성화 지원 (800억/90개교)	■전문대학 특성화 (1,680억/100개교)	■전문대학 교육역량강화 (2,340억/70개교)	■SCK(2,972억/83개교)
산학협력		■산학협력중심대학(300억/23개교)	■LINC (1,800억/81개교)	■LINC(2,240억/57개교) ■LINC전문대 (195억/30개교)

자료 : 교육부(2018)

지원의 규모는 지속적으로 확대되었다. 대규모 학부 지원 사업이 시작된 2004년 이후 2016년까지 대학 재정지원 프로그램 사업으로 4년제 대학에 약 5조 원이 지원되었다.

---

7   누리사업의 '누리'는 누리사업의 영문 명칭인 'New University for Regional Innovation'의 영문 약자인 'NURI'를 우리말로 옮긴 것이다.

대학에 대한 지원 증가는 사업 프로그램의 증가를 가져왔다. 박근혜 정부에서는 무려 8개 사업이 등장한다. BK21, CK, ACE, PRIME, CORE, 평생교육단과대학, LINK, WE-UP이다. 4관왕, 6관왕, 전관왕 대학이 회자되던 때였다. 지속된 등록금 동결로 인한 불만과 OECD 수준의 고등교육 투자 확대의 압력으로 정부는 대학 재정지원을 확대해나갔다. 문제는 대학 재정지원 확대를 각종 신규 사업을 만들어서 추진했다는 것이다. 기존 사업의 확대는 지난 정부의 사업이라 새 정부로서는 생색도 안 나는 일이고, 또한 재정지원을 수단으로 삼아 대학을 변화시켜 보려는 정책 목적도 있었을 것이다.

이러한 대규모 재정 투자와 다양한 프로그램에도 불구하고 우리 대학이 얼마만큼 성장하였는가에 대해서는 회의감이 드는 것도 사실이다. 세계경제포럼의 국가경쟁력 평가 중 우리나라 고등교육·훈련 항목의 순위는 2010년 15위에서 2018년에는 27위로 떨어졌다. 대졸자의 직무능력에 대한 민족도가 높아졌다는 기업의 신호도 없다. 경제적인 요인이기도 하지만 대졸자의 취업난은 사회 문제가 되고 있다. 뿐만 아니라 대학은 재정난을 지속적으로 호소하고 있다.

콩나물시루에 물주기

무엇이 문제인가?

왜 대학의 교육 여건은 악화되고 재정난은 여전한 것인가?

콩나물시루를 보자. 물을 주면 콩나물은 잘 자란다. 그러나 시루 자체는 변하지 않는다. 대학 재정지원이 이와 같지 않을까? 대학 재정지원이 해당 프로그램에 참여하는 학생들에게는 혜택이지만 근본적으로 대학의 역량을 키우지는 못한 것이 아닌가?

대학 재정지원이 콩나물시루에 물주기가 되는 이유를 생각해본다.

— 대학 재정지원 사업은 성과가 좋다

정확히 말하면 성과가 날 수밖에 없도록 사업을 설계한다. 예컨대, 교원 확보율, 신입생 충원률, 산학협력 참여율 등의 성과목표는 당연히 달성된다. 이런 지표들은 주요 평가지표로서 선정 평가에 중요한 배점 항목이고 이들 지표가 좋은 대학이 선정되기 때문이다. 또한 대학은 성과목표를 달성하지 못하면 탈락되기 때문에 온갖 방법을 동원하여 수치를 맞춘다. 교원 확보율과 신입생 충원률은 정원을 줄여서라도 달성하고 취업률은 졸업생을 자기 대학에 인턴으로 취업을 시켜서라도 달성한다. 교수들은 졸업생 취업을 위해 백방으로 노력한다. 이게 사업의 성과라면 성과다. 문제는 재정지원사업으로 인해 대학교육의 경쟁력이 높아지고 그 결과로 취업률이 올라갔느냐 하는 것이다.

— 성과가 단기적으로 나타난다

대학 재정지원 사업을 성과가 날 수밖에 없도록 설계하는 이유는 재정지원을 시작한 첫해부터 성과를 제시해야 하기 때문이다. 그렇지 못하면 예산을 확보할 수가 없다. 학부교육의 순환주기는 최소 4년이고 군 입대까지 고려하면 6, 7년이 소요된다. 그런데도 사업을 시작한 첫해부터 성과를 내려면 달성 가능한 양적 지표에 급급할 수밖에 없는 것이다. 교원 확보율, 재학생 충원률, 현장실습 참여율, 취업률과 같은 성과지표가 주로 사용된다. 특정 지표가 높은 대학을 선정하고 그 목적을 위해 지원금을 사용하여 다시 성과를 도출하는 선순환 구조를 만드는 것이다. 재정지원 기획 단계에서 어떤 성과를 제시할 것인가를 먼저 생각하면서 설계하는 것이다. 따라서 대학 재정지원 사업의 성과는 반드시 달성된다. 그것도 첫해부터!

이러한 단기성과 위주의 사업 설계가 재정지원을 통해 대학의 체질을 바꾸고 경쟁력을 향상시키지 못하는 근본적인 원인의 하나다. 즉, 콩나물 시루는 바꾸지 못하고, 물을 주면 당연히 자라나는 콩나물의 길이만 재고 있는 셈이다.

— 정부가 바뀌면 사업이 바뀐다

참여정부 누리사업이 이명박 정부에서는 대학 교육역량 강화사업으로 바뀌었다가 박근혜 정부에서는 8개 사업으로 나뉘어졌다. 문재인 정부에서는 다시 통합되었다. 여러 정부를 거치는 동안, 어느 사업으로 인해 대학의 경쟁력이 올라갔는지는 알 수 없다. 국가 차원에서 대학 재정지원의 장기 목표가 없는 것이다.

최근 혁신에 성공한 미국 대학의 사례를 보면, 한 대학이 현재의 수준에서 벗어나 경쟁력 있는 대학으로 인정받기까지는 최소 10년에서 20년 이상의 일관된 노력이 필요하다. 학교시설, 교수 충원, 프로그램 개혁 등에 지난한 시간이 소요되고 그 결과가 사회적으로 환류되기까지는 더욱더 긴 시간이 필요한 것이다.

— 보다 많은 대학에 잘 나누어 준다

선택과 집중의 문제다. 누리사업 설계 당시, 총 사업비 2천억 원을 500억씩 4개 대학에 지원하면 적어도 그 4개 대학은 혁신할 수 있다는 생각을 했다. 그러나 현실은 보다 많은 대학에 지원이 가도록 설계가 된다. 누리사업 이후 규모가 큰 재정지원 사업은 보통 50~100여 개 대학을 지원하고 있다. 선택과 집중은 현실적으로 선택하기 어렵기 때문이다. 선정 대학이 많아질수록 집중도는 떨어지고 지원금의 영향력은 적어진다. 그러다 보니, 매년 지원되는 금액은 그때그때 학생들에게 소비되는 것이다.

— 대학 재정지원 사업 설계가 시계추처럼 움직인다

목적사업과 일반지원사업, 관리와 자율성, 정량위주 평가와 정성위주 평가, 대학 지원과 사업단 지원 등 이런저런 수단들이 왔다 갔다 하고 있다. 대학은 그저 정부 장단에 맞추는 데만 급급하다. 그마저 이제는 익숙해졌다.

— 좋은 대학에 대한 청사진이 없다

대한민국이 육성하고자 하는 경쟁력 있는 대학 또는 좋은 대학에 대한 청사진이 없다. 경쟁력 있는 대학에 대한 정의 또는 기준이 없기 때문에 재정지원 사업이 계속 왔다 갔다 하고 단기 성과에만 급급한 것이다. 대학에 대한 평가는 상대평가에 불과하다. 이런저런 백화점식 지표의 순

127

위가 곧 우수대학의 기준이다.

적어도 이 정도면 학생들이 좋은 교육을 받을 수 있는 경쟁력 있는 대학이라는 사회적 또는 정책적 합의가 필요하다. 국제적인 유수한 대학을 준거로 삼을 수도 있다. 연구중심대학, 교육중심대학, 산학협력중심대학 등의 모형에 대한 논의는 이미 오래된 이슈다.

— 대학을 해바라기로 만든다

참여정부, 이명박 정부, 박근혜 정부를 거치면서 많은 사업들을 경험한 대학은 이제 돈줄을 따라 이리저리 잘 움직일 줄 안다. 심지어 해바라기 꽃을 여러 방향으로 배치할 줄도 안다. 정부의 정책 목표에 맞게 그때그때 대학의 발전 계획이 변하고 성과목표가 변하는 것이다.

박근혜 정부 시절의 여러 재정지원 사업은 그 성과목표가 다 달랐다. 성과목표가 같으면 여러 사업을 설계할 수 없기 때문이다. 대학은 하나의 거대한 시스템인데 각기 강조되는 성과지표가 다르니 대학은 각 사업이 요구하는 성과를 적절하게 배분하여 달성하는 것이다.

— 대학은 지원금을 잘 소화할 줄 안다

이것은 구축효과의 문제다. 재정지원이 오면 대학은 자체 예산을 다른 곳으로 돌릴 수 있다. 예를 들면, 대학 자체로 실험실습 예산이 책정되어 있는데 이에 대한 국고지원이 오면 원래 편성된 예산을 다른 데로 돌리는 것이다. 다른 프로그램에 돌리면 그나마 괜찮은데 만약 사립대의 경우에 이를 적립금으로 적립해버리면 재정지원의 효과는 사라진다. 5천억 원의 예산이 편성된 대학에 100억 원을 지원하면 그해 예산은 5,100억 원이 되어야 하는데 여전히 5,000억 원이 되는 경우가 문제다. 정도의 차이는 있겠지만 충분히 예상 가능한 시나리오다. 정부 보조금을 활용하여 적립금, 발전기금(기부금), 산학협력 수익금을 아낄 수 있는 것이다. 이것이 대학 입장에서는 의미 있는 재정지원의 효과일 것이다.

― 대학은 현재의 콩나물시루에 만족한다

통념과 달리 대학은 외적 충격에 매우 강하다. 단지 충격을 받는 것처럼 보이거나 그 충격을 이용할 뿐이다. 이것이 정부가 대학을 변화시킬 수 없는 이유다. 그러나 내부 충격에는 약하다. 그래서 내부 충격이 일지 않도록 안정적으로 내부를 관리하는 데 역량을 집중한다. 이에 따라 대학의 구조적인 내적 변화는 잘 일어나지 않는다. 정부 지원금은 가급적 나누어 쓴다. 정부 재정지원으로 변화하는 것처럼 보이지만 그야말로 그렇게 보이는 것에 불과하다.

대학 총장도 자주 바뀐다. 한 사람의 총장이, 또는 총장이 바뀌더라도 장기 비전을 설정하고 일관되게 성장을 도모하는 대학은 많지 않다.

대한민국에 학문적 비전, 도덕성 그리고 혁신에의 능력과 열정을 장기적으로 보여주는 대학이 많아야 한다.

우리 대학은 세계 수준의 대학으로 도약할 준비가 얼마나 되어 있는가? 이런 대학을 식별하고 적절히 지원하는 것이 우리의 중요한 정책적 과제이고 미래를 좌우할 국가적 과제다.

지식 기반사회에서의 대학은 더욱 더 중요한 대한민국의 미래다. 지식 기반경제, AI 시대에 지식과 학문 역량은 국가경쟁력을 좌우하기 때문이다. 전문성을 갖춘 창의적인 인재를 길러낼 곳은 대학뿐이다. 따라서 모든 대학이 혁신과 성장을 이루지 못한다고 해도 정부는 지원을 멈출 수 없다. 지원하는 대학 중 한 대학이라도 성공한다는 희망을 걸어야 한다. 보다 많은 대학이 대한민국의 미래가 되는 대학으로 성장할 수 있도록 재정지원에 대한 패러다임의 대전환이 필요하다. 이를 위한 몇 가지 정책방향을 제시해본다.

— 장기적인 지원

지원을 하자마자 그리고 5년 대통령 임기 내의 성과는 아예 요구하지도 않을 정도로 오래 기다려야 한다. 적어도 10년 이상의 장기적인 청사진을 가지고 재정을 지원하면서 성과를 평가해야 한다. 단기적인 정책목표 달성의 수단으로, 또는 재정과 관련 없는 정책 이행의 수단으로 대학의 재정지원이 활용되는 것은 지양되어야 한다. 대학과 정부는 장기 성과 협약을 통해 상호신뢰와 국가적인 명운을 걸고 대학 혁신의 공동운명체가 되어야 한다.

— 콩나물시루 자체를 키워야 한다

대학의 시설, 교수, 교육 프로그램에 대한 총체적인 혁신 프로그램을 지원해야 한다. 그것도 성과가 날 만큼 적정 금액을 통 크게 지원해야 한다. 결국 선택과 집중의 문제에 봉착한다.

대학 경쟁력의 핵심은 우수한 교수진이다. 재정지원으로 우수한 교수진을 경쟁적으로 확보할 수 있어야 한다. 예를 들면, 연구 실적을 핵심 평가요소로 하는 BK21사업은 각 대학의 우수 교수진 확보에 큰 자극제가 되고 있다.

― 대학의 재정지원 회계는 완전히 투명해야 한다

대학을 전적으로 신뢰하고 장기적인 재정지원이 가능하려면 적어도 국고지원금에 대해서는 유리알 같이 투명하게 들여다볼 수 있어야 한다. 어떤 목적으로, 어디에 쓰는지는 정부가 간섭할 바 아니지만 적어도 지출 사유대로 정확하게 사용하고 있는지는 공개되어야 한다. 정부의 공적 지원금에 대한 사용을 관리하는 공적인 회계시스템의 도입이나, 이를 관리하고 모니터링할 수 있는 '사학감독원' 등의 신설도 적극적으로 검토할 만하다.

― 좋은 대학에 대한 정책적 비전과 사회적 합의가 필요하다

종합적으로 또는 연구, 교육, 산학협력 분야에서 각기 좋은 대학에 대한 비전 또는 모형이 설정되어야 한다. 국제비교도 좋은 방법 중 하나다. 예를 들면 미국 아이비리그 수준, 주립대학 수준, 또는 유럽의 유수한 대학 수준으로 육성하는 데 필요한 투입요소에 대한 분석은 우리 대학의 실상을 이해하고 앞으로의 육성 방향을 제시하는 데 큰 도움을 줄 것이다. 교수 1인당 학생 수, 학생 1인당 교육비, 교수 1인당 연구비 등이 중요한 투입 요소다.

이러한 절대적인 척도가 있어야 평가 만능주의에서 벗어날 수 있다. 수십 개의 평가항목이 대학의 본질적인 경쟁력을 좌우하는 지표가 아닐 수 있기 때문이다.

또한 세계 100위 권 대학이 정원의 반도 못 채우는 대학과 같은 지표로 평가를 받는다는 것은 참으로 이상한 일이 아닐 수 없다.

― 국립대학교에 대한 과감하고 획기적인 육성과 투자가 필요하다

국립대는 무상으로 전환할 필요가 있다. 국립대학 육성책임은 전적으로 국가에 있다. 이런저런 사업을 통해 지원하는 방식이 아니라 국립대학에 대한 적정 수준의 운영비를 통으로 지원하는 것이 효율적이다.

2017년 기준으로 국립대학 전체의 등록금이 1조 4천억 원 정도인데 그중 1조 원이 장학금이다. 1조 원 장학금 중 3천억 원은 대학 자체 장학금, 국가장학금이 5천 3백억 원, 기타 외부 장학금이 1천 7백억 원이다. 외부 민간 장학금으로 추정되는 1천 7백억 원과 대학 자체장학금 3천억 원을 제외하면 5천 3백억 원이 공적 재원인 것이다. 현재 정부가 부담하는 공적 재원 5천 3백억 원에 8천 7백억 원만 추가하면 무상교육이 가능하다. 여기에다 대학이 등록금 수입 중에서 부담하는 자체 장학금 3천억 원을 감안하면 실제 소요 재원은 5천 7백억 원 수준으로 검토가 가능하다.

국립대학 무상화는 고등교육을 책임지는 국립대학으로서 위상 정립은 우수 인재 확보와 국립대에 진학하는 학생들의 자긍심을 크게 높여줄 것이다.

또한 재정이 안정적인 국립대는 더 이상 학생 수에 연연하지 않을 수 있게 된다.

재학생 수에 연연하지 않게 되므로 교육의 질을 획기적으로 높일 수 있다. 학부교육의 다운사이징으로 현재의 재원으로도 더 높은 투자 효과를 얻을 수 있을 것이다. 국가거점국립대학은 대학원 중심으로 재편하여 연구중심대학 모델로 발전할 수 있을 것이다. 양적인 학부 졸업생 양성에서 질적인 고급인재를 양성하는 역할로 변화를 꾀하는 것이 학령인구 감소 추세에 부합하는 전략일 것이다. 이를 통해 지역 국립대학의 구조조정도 훨씬 용이할 것이다.

무상교육을 실시하는 국립대학에 대해서는 일정 주기로 경영평가를 실시하여 책무성을 담보할 필요가 있다. 효율적인 재정 집행과 교육, 연구의 성과를 주기적으로 평가하는 것이다.

이를 추진하기 위한 전략으로 전면 국립대학 무상 전환의 전 단계로 가칭 '국립대학 교부금제도' 도입을 적극적으로 검토할 필요가 있다.

— 사립대학 학교법인을 중요한 파트너로 삼아야 한다

사립대학 변화와 혁신의 요체는 대학이 아니라 사실상 법인 이사회가 될 수 있다. 대학에 대한 최종 의사결정 기관이 바로 재단 이사회이기 때문이다. 지금까지는 법인의 혁신 의지를 간과한 측면이 있다. 학교뿐 아니라 이사회의 혁신 의지와 역량을 함께 평가할 필요가 있다. 많은 사학의 문제는 결국 재단의 문제이기도 하다. 재단의 지지 없이 사립대학의 변화와 혁신은 불가능하기 때문이다. 사립대학과의 중장기적 재정지원에 대한 성과협약은 대학법인의 이사장과도 맺어야 할 필요가 있다.

대학 혁신은 우리의 미래

재정지원 사업의 성공은 사업을 잘 관리하는 것에 있는 것이 아니라 대학 스스로의 변화에 달려 있다. 정부의 정책적인 유도에 의한 변화가 아니라 자율적인 혁신이 일어날 것인가가 관건이다. 지금까지의 결과를 보면 정부의 유도를 통해 대학의 근본적인 성장이 일어난다고 보기는 어렵다. 이제부터는 대학 스스로 일어설 수 있도록 정부의 후원자적 지원이 필요하다.

대학 혁신의 동력은 연구 경쟁력이 있는 우수한 교수진에 달려 있다. 가장 본질적인 대학의 교육·연구 기능 실천 주체인 교수에 대한 정책적인 관점이 집중되어야 한다. 교수 연구실적만을 지표로 설정하여 학과와 대학을 평가해도 무방할 정도다.

문제는 '대학을 신뢰할 수 있느냐' 하는 것인데 이는 재정 회계적인 투명성만 보장된다면 전적으로 대학을 믿고 맡겨보아야 한다. 우리 대한민국의 앞날은 대학에 달려 있다. 하나의 대학이라도 혁신에 성공한다면 그것은 우리의 미래가 될 것이다.

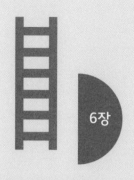

교육복지정책

교육복지는 최소한의 출발선을
맞추려는 노력이다.

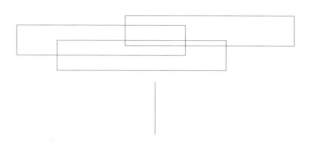

고교 무상교육은 공교육의 기본이다

고교 의무교육

2013년 학생복지정책과장 시절에 박근혜 정부 공약에 따라 '고교 무상교육 기본계획'을 수립했다. 우리 교육정책 역사상 최초로 교육부 장관 결재로 확정된 기본계획이다. 당·정·청 협의회를 거쳐 2017년까지 단계적으로 고교 무상교육을 완성한다는 계획을 확정하고 발표되었다(《중앙일보》, 2013.7.31.). 그러나 발표한 당해 연도에 편성하는 2014 회계연도 예산안뿐 아니라, 그 다음 해인 2015 회계연도 예산안에도 정부 예산이 한 푼도 반영되지 않아 고교 무상교육은 공수표가 되었다.

OECD 국가 중에 고등학교 무상·의무교육을 실시하지 않는 나라는 우리뿐이다. 무상교육은 의무교육을 전제로 하는 것이기 때문에 대부분의 선진국은 고등학교까지 의무교육을 실시하고 있다. 우리는 고등학교가 의무교육이 아니기 때문에 무상교육도 실시하지 않았었다. 무상교육 논의는 결국 의무교육의 문제다.

고교 의무교육은 국가가 일정 연령 또는 고등학교까지의 학업 의무를 법으로 강제하는 것이다. 일정 단계까지의 교육을 강제하는 것은 '국가와 사회의 유지·발전에 교육받은 국민이 중요하다'는 사회적 합의를 전제로 하는 것이다. 그래서 대부분의 선진 민주국가는 헌법에 의무교육을 선언하고 있다.

우리 제헌헌법은 초등 의무교육과 무상교육을 선언하고 있다. 의무교육과 무상교육을 동시에 선언하고 있는 점은 바람직하지만 초등교육만을 그 대상으로 하는 한계가 있다. 이것은 국가 재정상황이 어려운 건국 초기의 현실을 반영한 어쩔 수 없는 조치라고 보여진다.

"대한민국헌법 제16조. 모든 국민은 균등하게 교육을 받을 권리가 있다. 적어도 초등교육은 의무적이며 무상으로 한다."

이런 헌법 정신을 반영하면 향후 헌법 개정 시에 "고등학교까지 또는 일정 연령까지의 교육은 의무적이며 무상으로 한다"고 명시할 필요가 있다.

공교육의 새로운 패러다임

우리의 경우, 21세기에 들어서야 비로소 시작된 고교 무상교육과 고교 의무교육에 대한 논의는 근대 국민국가 시절에 도입된 의무교육의 비전과는 다른 그 이상의 새로운 접근이 필요하다. 의무교육이 단순히 학교라는 울타리에 학생들을 가두어 놓는 것에 그치고 질 높은 교육을 담보하지 못한다면 무의미한 '의무'와 '수용'일 뿐이다. 지금 우리의 때늦은 의무교육 논의는 국가가 교육을 질적으로 책임진다는 공교육에 대한 국가적인 결단이 있을 때만 진정한 의미가 있다. 고교 의무교육의 도입은 우리 공교육 역사에 한 획을 긋는 큰 결단이 될 것이다. 헌법이 보장하고 있는 균등하게 교육받을 권리의 실질적인 실현을 위한 공교육의 대전환인 것이다.

무상·의무 교육을 통해 지역이나 계층에 관계없이 양질의 공교육을 받을 수 있는 기회를 실질적으로 보장해야 한다. 도시와 농촌 간 또는 사회경제적 계층에 따른 학교 교육의 격차를 줄이기 위한 국가의 의무가 발생하는 것이다.

의무교육은 모든 학생들의 성공을 위한 학교 교육을 지향해야 한다. 학생들의 다양한 소질과 적성 그리고 능력을 고려한 교육 기회가 제공되어야 한다. 영재교육, 진로교육, 직업교육, 대안교육, 특수교육 등의 폭넓은 프로그램이 다양하게 제공되어야 하고 학생들의 선택권이 실질적으로 보장되어야 한다.

학생 개개인 관점에서는 개인의 학습 수요를 면밀하게 반영하는 시스템을 마련해야 한다. 학업성취라는 단 하나의 목표를 지향하는 학교 체계로는 다양한 진로적성을 갖고 있는 학생들을 만족시킬 수 없기 때문이다. 고교 단계에서 본격적으로 나타나는 학습격차와 진로적성의 차이 등을 충분히 고려한 학교 시스템을 재설계해야 한다. 현재처럼 비교적 통일적인 학습을 제공하는 학교가 아니라 수준별, 분야별로 다양한 학습 기회가 제공되어야 한다. 따라서 고등학교는 고교학점제를 기반으로 하는 선택형 교과과정으로 개편되어야 한다.

특히 고려해야 할 문제는 학업중단에 대한 대책이다. 정규 학교 프로그램에 적응하지 못하는 학생들에 대한 대책은 매우 중요하다. 2018년 기준으로 24,056명이 학업을 중단했으며, 매년 2만여 명이 넘는 고등학생이 학업을 중단하고 있다. 이들을 위한 대안적 교육 프로그램이 다양하게 마련되어야만 한다.

1차적으로 학교 부적응을 학교 안에서 수용할 수 있는 대안적 프로그램이 마련되어야 한다. 그럼에도 불구하고 학교에 적응하지 못하거나 자발적으로 학교를 중단하는 학생들을 위한 학교 밖의 대안적, 또는 사회적 교육기관이 마련되어야 한다. 특수 교육에는 미치지 못하지만 일정 수준의 치료적 접근이 필요한 학생이나 학교에서 원하는 프로그램을 제공받지 못하는 학생들을 위한 학교 밖 프로그램도 충분하게 마련되어야 한다.

'학교 밖 청소년'에 대한 새로운 접근 방법이 요구된다. 의무교육 시대에는 '학교 밖 청소년'이라는 개념 자체가 성립하지 않기 때문이다. 어떤 형태로든 공적으로 인정되는 학습기관에서 소정의 학습활동을 해야 하기 때문이다. 직업훈련을 포함한 다양한 사회적 학습 프로그램에 대한 체계화가 필요하다. 의무교육은 '학령기 학생을 어떤 형태로든 사회가 보호하고 책임진다'는 선언이다. 학업을 중단하고 조기에 직업세계로 뛰어들 수밖에 없는, 형편이 어려운 학생들을 위한 적절한 사회복지 프로그램도 요구된다.

21세기에 논의되는 고교 무상교육과 고교 의무교육은 고등학교까지의 교육을 국가가 질적으로 책임진다는 사회적 결단이 되어야 한다.

선진국 공교육의 역사를 보면 사립학교가 먼저 발전하고 무상 공교육
이 뒤를 따랐다. 민간에서 운영하는 사립은 자비부담으로, 세금으로 운영
하는 공립학교는 무상이 원칙이었다. 공립이건 사립이건 일정 연령 또는
학년까지 학교에 다니도록 하는 것이 의무교육제도로 발전해 왔다.

유상 공립교육이라는 독특한 공교육을 유지해온 우리는 부족한 공교
육비를 각 개인이 부담함으로써 공교육의 저변을 확대하는 데 크게 기여
한 측면이 있다. 그러나 이제 공교육비는 공적 재원을 통해 부담하는 것
이 우리의 국가 수준에 부합하는 것이다. 그동안 중학교 무상 의무교육을
실현했고, 초중고 육성회비(또는 기성회비)를 폐지해오는 등 점진적으로 국
가부담을 확대했다.

가장 큰 쟁점은 무상교육에 드는 재원이다. 오랫동안 무상교육을 실
시하지 않았기 때문에 우리 사회에는 복지 차원에서 고교 학비지원이 정
착되어 왔다. 공무원, 공공기관, 대기업 등은 재직자 자녀의 고교 학비를
지원해왔으며, 저소득층, 한부모가족, 농어업인 가정의 자녀들도 공적인
학비지원을 받았다. 이미 고교 학비지원에 공적 재원이 상당 부분 투자되
고 있었던 것이다.

한양대 교육복지연구소가 추정한 바에 의하면(《조선일보》, 2014.8.12.) 여
러 기관에서 고등학교 교육비 지원예산은 1조 6,076억 원이고 그중 정
부, 지자체, 공공기관이 1조 1,933억 원을 부담하고 있는 것으로 조사되
었다. 민간기업 역시 4,143억 원을 지원하고 있다. 전체 학생 수 기준으
로는 60.7%가 지원을 받고 있는 것이다. 이런 구조에서 무상교육 비용을
시·도교육청이 모두 부담하게 되면 그동안 국고나 기업이 지원하던 비

용을 시·도교육청이 떠안게 되는 결과가 된다. 따라서 고교 무상교육 비용에 대한 국고 지원은 설득력이 있다.

이런 분석이 갖는 또 다른 의미는 고교 무상교육이 전면 시행되었을 때의 혜택에 관한 것이다. 대기업, 공무원, 공공기관 등 우리 사회의 중산층 이상은 오히려 무상 혜택을 진작부터 받아오고 있었다. 저소득층이나 농산어촌의 소외계층도 무상교육의 혜택을 받고 있었으므로 결국 중간 계층 이하나 영세 자영업자 등이 자비로 고교학비를 부담해오고 있었던 것이다. 따라서 고교 무상교육의 전면 시행은 그 혜택이 영세 자영업자나 영세한 기업의 재직자에게 돌아가게 된다는 중요한 의미가 있다. 즉 고교 무상교육이 소득 재분배 정책으로서의 의미를 갖고 있는 것이다.

고교 무상교육을 반대하는 측에서는 이미 60%가 학비지원을 받고 있는데 이 예산을 정부가 부담할 필요가 없다고 보았다. 그러나 이는 오히려 중산 서민층 40%가 지원에서 소외되어 온 것을 감안하면 100%로 지원이 확대되어야 하는 것이 공정하다. 그러면 그동안 역차별을 받아왔던 영세 자영업자나 소기업 재직자들의 소득 재분배 효과를 낳게 될 것이고 사회적 형평에도 부합하는 것이다. 공무원 등 좋은 직장에 다니는 사람들은 공적 재원으로 학비를 지원받고 있으나 경제적으로 어려운 계층은 자비로 부담해온 모순을 시정하는 것에도 큰 의미가 있다.

고교 의무교육의 사회적 합의

우리의 경우 사실상 고교진학률이 100%에 이르고 있어 취학률 증대로서의 고교 의무교육에 대한 의미는 적다. 고교 의무교육을 통해 국가가 공교육에 대한 질적인 책무를 다한다는 데 그 의미를 두어야 한다.

경제적 빈곤에 처한 나라의 대부분은 고등학교 단계의 보통교육을 실현하지 못하고 있을 뿐 아니라 문맹율도 매우 높다. 오늘날 우리의 발전은 교육받은 인적자원의 힘이다. 그런데 그동안은 고등학교 교육을 위한 비용을 각 개인이 부담해온 것이다. 이제 국가 또는 공적 재원이 고교 학비를 부담해야 한다. 이는 '공교육은 무상'이라는 문명국가의 원칙을 따르는 것이며 우리의 헌법적 가치를 실현하는 것이다.

그럼에도 그동안 고교 의무교육과 무상교육이 쉽게 사회적 합의를 이루지 못했던 이유는 공교육에 대한 철학의 빈곤 때문이다. 그러므로 우리 사회가 미래 세대를 힘 모아 함께 길러낸다는 교육의 공공성에 대한 신념이 필요하다. '잘 교육받은 인재가 우리 사회의 근간이며 미래'라는 믿음이 있다면 그 비용은 당연히 공적으로 부담해야 한다. 또한 비용 부담뿐만 아니라 질 높은 공교육을 제공하겠다는 국가의 약속이 되어야 한다.

그렇게 고교 무상교육의 첫발을 내디딘 2019년은 우리 교육정책사에 한 획을 그은 대전환점이었다. 그리고 2021년, 고교무상교육이 마침내 실현되었다.

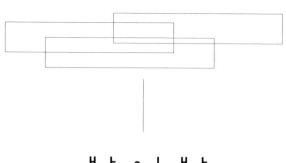

대안교육의 대안

대안학교의 등장

1980년대 소개된 영국의 섬머힐(Summer Hill)은 숨 막히는 우리 교육에 지친 사람들에게 하나의 신세계였다. 철저하게 학생을 중심에 두는 교육은 획일적인 우리 교육에 큰 반향을 일으켰다. 섬머힐뿐만 아니라 미국의 차터 스쿨(Charter School)이나 덴마크의 자유학교(폴케호이스콜레, Folkehøjskole) 등과 같이 1970년대 들어 서구에서 공교육에 대한 문제 제기와 대안을 모색하는 운동(Alternative School, Free School 등)이 다양하게 시도되었고 우리에게도 많은 영향을 주었다.

우리나라 최초의 대안학교는 1997년 경남 산청의 간디학교로 알려져 있다. 그 뒤 대안학교 설립이 활발하게 전개되었으며 공교육에서도 대안교육의 필요성을 인정하고 이를 법제화했다. '대안학교'라는 용어가 초중등교육법(제60조의3)에 학교의 종류로 규정되어 있다. 법령에 따라 일정한 인가 요건만 갖추면 대안학교를 설립할 수 있다. 이렇게 설립된 대안학교는 총 41개교(공립 13, 사립 28)가 있다.

그러나 많은 대안학교는 정식적인 인가를 받지 않고 운영하고 있는데 이를 미인가 대안학교로 구분한다. 교육부 집계(2017년)로는 그 수가 289개, 비공식적으로는 600여 개에 이르는 것으로 추정된다. 이러한 대안학교는 법적으로는 미인가 학교이기 때문에 학력 인정이 되지 않는다. 자율적 운영에 대한 신념과 정부의 간섭이 싫어서 인가를 받지 않는 경우도 있고, 인가 요건에 미치지 못해 인가를 받지 못하는 경우도 있다.

당초 대안학교의 지향점은 자연, 인성 위주가 주였으나 최근에는 아주 다양해졌다. 인성 교육, 노동 교육, 민주시민 교육, 통일 교육, 종교 교육, 자연 교육, 비판 교육, 창의력 교육, 준 특수 교육, 국제 교육 등 다양한 스펙트럼을 갖고 있다.

2014년 교육부의 미인가 대안교육시설 현황조사에 따르면(2014.6.23. 교육부 보도자료), 시설 당 평균 학생 수는 40명이며, 학생 수가 10명이 채 안 되는 시설이 27곳, 50명에 미치지 못하는 시설이 106곳으로 조사되었다. 연간 학비는 평균 620만 7천 원으로, 연간 학비가 1천만 원이 넘는 시설이 54곳이며 그중 5곳은 2천만 원이 넘는 것으로 조사되었다.

대안교육은 대안이 될 수 있는가

대안학교는 공교육에 대한 비판에서부터 시작했다. 획일적인 입시준비 기관으로 전락한 학교는 학생의 개별적인 교육적 요구를 만족시킬 수 없다는 것이다. 교육과정의 획일성, 과밀학교, 평가 위주의 수업 등도 비판의 대상이다.

대안교육은 체험, 대화, 토론 등 자기주도적 학습을 지향한다. 소외된 학습이 아니라 학생 스스로 동기부여가 된 학습을 추구한다. 학생중심 교육이 중요한 방법론이자 가치다.

또한 교육권의 국가 독점을 반대한다. 민주주의 사회는 각자의 교육적 신념에 따라 자녀들을 교육시킬 권리도 자유롭게 주어져야 한다는 생각에 토대를 두고 있다. 국가는 공립학교를 운영하되, 각 개인에게도 교육기관을 설립하고 운영할 수 있는 자유를 보장해야 한다는 것이다.

대안교육 설립의 자유권은 국가 공교육과 충돌하게 된다. 의무교육과 학력 인정이 공교육의 핵심 제도이기 때문이다. 국가가 인정하지 않는 교육기관은 학력 인정이 안 되고 의무교육에 저촉된다. 상급학교의 진학은 검정고시를 통과해야 한다. 미인가 대안학교에 다니는 학생들은 정책적으로는 '학교 밖 청소년'으로 분류된다. 미인가 대안학교가 공교육의 테두리에 들어 있지 못함으로 인해 여러 가지 공교육 서비스에서 제외되고 있다. 교육청의 직접 지원 대상이 아니기 때문이다.

'대안교육이 공교육의 대안이 될 수 있는가'라는 주제는 여전히 진행 중인 논란이다. 모든 국민을 대상으로 하는 공교육은 어느 정도 제도화되어 있다. 표준화된 교육과정과 교사자격증, 교육행정 체계의 지원 등 일정 수준의 교육성과를 담보하는 체계를 갖추고 있다.

반면에 대안교육은 교사와 학부모 그리고 학생의 신념에 의해 운영되고 있지만 교육의 성과에 대해서는 입증하기 어려운 측면도 있다. 물론, 교육의 성과를 다르게 보기 때문에 비교 자체가 불가능하다. 무엇을 어떻게 가르치는지를 각자가 정하는 대안교육의 특성상 교육의 성과는 각 기관의 신념과 그에 대한 학생 학부모의 만족에 의해 좌우되기 때문이다.

대안학교가 공교육의 대안이 될 수 있는가는 교육의 본질과 사회적 제도로서 '학교'의 본질에 관한 논쟁이다. 이상적인 공교육이 근대 사회의 희망이었듯 이상적인 대안교육이 미래사회의 희망이 될 수 있다. 그러나 현실에 구현된 모습은 모두 한계를 갖고 있다. '학교'가 한계를 갖고 있듯 대안교육 역시 한계를 갖고 있다. 몇몇 성공적인 대안학교를 제외하고는 공교육을 대체할 수 있을 정도의 대안이 될 수 있다고 보기는 어렵다. 그러나 이런 대안학교가 공교육에 지속적인 자극을 주고 있는 것 역시 사실이다. 공교육 내에서 대안교육적 장점을 흡수하려는 노력은 지속적으로 확대되어야 한다.

공교육과 함께 가는 대안학교는 가능한가

교육권을 넓게 인정하면 다양한 스펙트럼의 대안학교가 탄생할 수 있지만 지나친 다양성은 오히려 교육의 사회통합 기능을 저해할 우려가 있다. 종교, 정치, 기업 등 다양한 가치에 따른 대안학교를 우리 사회가 수용할 수 있을지는 의문이다. 특히 정치·사회적인 신념에 따른 대안학교는 사회적 갈등을 심화시키는 원인이 될 수도 있다.

이런 문제들을 고려하여 대안교육의 자율성도 인정하면서 공교육의 큰 틀을 훼손하지 않는 방안을 모색할 필요가 있었다. 그래서 2014년 교육부가 검토한 것이 대안학교 등록제였다. 등록제의 기본 발상은 우리 자녀들이 다니는 교육기관을 정부가 알 수 있도록 등록을 해야 하고 최소한의 교육 여건은 요구할 수 있어야 한다는 것이다. 이 최소한의 요구 사항만 충족하면 대안학교로 등록할 수 있도록 하고 공교육과의 연관성을 갖도록 하는 것이다. 이렇게 등록된 대안학교는 일반 공교육의 학교와 유사한 법적 지위와 혜택을 받을 수 있고 일정 수준에 도달하면 학력 인정도 가능하도록 구상했다.

이에 대해 당시 핵심적인 대안교육 단체에서 아주 강하게 반대 입장을 표명했다. 대안교육 단체에서는 완전 자율등록제를 원했으나 정부는 일정 수준에 도달한 기관만을 등록하는 제도를 구상했다. 또한 일정 요건을 준수하지 못하거나 학사운영이 파행적이면 등록을 취소할 수 있는 방안도 고려했다. 예컨대, 성범죄 등 범죄 전력이 있는 사람이 대안학교를 운영하도록 할 수는 없는 것이다. 이에 대해 반대론자들은 교육부가 대안교육의 자율성을 침해하고 통제하려 한다고 보았다.

미인가 대안학교에 학생들이 다니고 있는 것은 현실이기 때문에 학생의 학습권 보장은 필요하다. 그런 면에서 당시 대안교육 단체의 반대는 아쉽게 느껴진다. 오로지 혜택만 있고 공적 규제가 전혀 없는 대안교육의 제도화는 현실적으로 어려운 일이다.

미인가 대안학교의 존재는 우리의 뿌리 깊은 교육열을 느끼게 해준다. 우리 대안학교가 경직된 공교육의 희망이 되는 교육기관으로 날로 발전하기를 기대해본다.

대안학교 등록제를 골자로 하는 '대안교육법'이 20대 국회에서 논의되었으나 제정이 무산되었고 2021년 21대 국회에서 드디어 통과되었다. 대안교육이 법적인 보장을 받게 된 만큼 우리 공교육에 어떤 영향을 주게 될지 귀추가 주목된다.

PART III

개천의 용과 국가

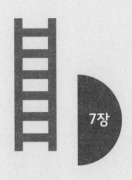

7장

구한말 학부

"돌아보건대 시국은 크게 바뀌었다. 모든 제도가 다 함께 새로워
야 하지마는 영재의 교육은 무엇보다 시급한 일이다. 그러므로
나라에서 소학교와 사범학교를 세워 먼저 서울에 행하려 하니 위
로 공경대부의 아들로부터 아래로 서민의 자제에 이르기까지 다
이 학교에 들어와 아침에 외우고 저녁에 익히라. 그리하여 장차
힘을 길러 시대를 구하고 내수와 외교에 각각 크게 쓰고자 하나
니 진실로 좋은 기회다. 앞으로 대학교와 전문학교도 차례로 세
우려 한다. 무릇 뜻 있는 자는 일심으로 가르침을 받들어 성세를
이루려는 대지를 버리지 말라."

(학무아문 고시, 1894년)

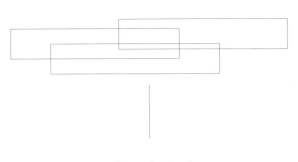

학부의 출발

첫걸음

강제 개항 이후 신기술과 신문물이 급격하게 밀려들어 왔다. 그야말로 물질이 '개벽'하기 시작한 것이다. 구한말 우리는 '개화'라는 과제와 '근대 국가 형성'이라는 역사적 소명을 갖고 있었다.

새 시대를 준비하는 첫걸음은 각종 사회제도의 개혁과 함께 이를 이끌어가는 새로운 인재를 길러내는 것이다. 교육이 '국가보존의 근본'(고종의 교육입국조서, 1895)이라고 강조하고 있듯이 새로운 근대 국가의 성공적 출발은 교육에 달려 있었다.

갑오개혁에 따라 1894년 8월, 과거제도가 폐지되었다. '전고국조례' 등으로 관리 채용제도는 유지되었지만 시험 과목은 이제 4서 3경이 아니었다. 성리학에 몰두하던 당시의 선비들에게는 삶의 향배가 바뀌는 충격적인 일이었을 것이다.[8] 신식 교육의 도입, 즉 신식 '학교'제도의 도입과 인재선발 체제의 변화는 한 번도 가보지 않은 길을 찾아가야 하는 것이었다.

이러한 중요성을 인식하여 조선 정부는 공교육을 전담하는 독자적인 부서를 설치한다. 우리 역사상 최초로 1894년 7월 교육을 전담하는 독자적인 내각부서로서 '학무아문(學務衙門)'이 설치되었다. 조선 건국 이래 6조 체제에서 독립하여 독자적인 내각부서가 된 것이다. 1895년 3월에는 '학부(學部)'로 명칭을 변경하여 1910년까지 이어진다. 학부는 학교 설치, 교과서 편찬, 교원 양성 등 근대 공교육의 기틀을 다지는 역할을 수행했다.

근대 공교육을 출발시키는 막중한 소임을 부여받은 학무아문은 출범 즉시 "고시(告示)를 통하여 시급하게 소학교 설치를 추진하고 앞으로 대학교까지 설치하겠다"는 원대한 포부를 밝히고 있다. 근대 공교육에 대한 국가적인 비전을 제시한 의미 있는 선언이다. 서민의 자제와 공경대부의 자제가 같은 학교에서 배워야 한다고 강조하는 것은 오늘날에도 그 의미가 살아 있는 민주적 공교육의 이상이다.

"돌아 보건대 시국은 크게 바뀌었다. 모든 제도가 다 함께 새로워야 하지마는 영재의 교육은 무엇보다 시급한 일이다. 그러므로 나라에서 소학교와 사범학교를 세워 먼저 서울에 행하려 하니 위로 공경대부의 아들로부터 아래로 서민의 자제에 이르기까지 다 이 학교에 들어와 아침에 외우고 저녁에 익히라. 그리하여 장차 힘을 길러 시대를 구하고 내수와 외교에 각각 크게 쓰고자 하

---

8 영화 〈YMCA 야구단〉의 선비 이호창은 "어느 날 갑자기 과거시험이 폐지되어 할 일 없이 빈둥거리다 야구에 관심을 갖게 되었다"고 말한다.

나니 진실로 좋은 기회이다. 앞으로 대학교와 전문학교도 차례로 세우려 한다. 무릇 뜻 있는 자는 일심으로 가르침을 받들어 성세를 이루려는 대지를 버리지 말라."(《증보문헌비고》 학교고. 손인수, 1971. 재인용)

학부대신

학부대신은 학부를 이끌며 근대 공교육을 정착시키는 역사적인 소명을 담당하게 된다. 그러나 당시의 정치적 혼란과 격변에 따라 학부대신의 교체는 빈번했고 근대식 교육 자체를 반대하는 인물이 학부대신이 되기도 했다. '교육입국'을 강조하긴 했지만 학부대신의 임명 상황을 보면 자강자립을 위한 공교육의 정착은 지난한 일이었다.

1894년 7월 출범부터 1910년까지 16년 동안 임용 기준으로 36명의 학부대신(서리 및 중복 포함)이 임명되었고, 그중 중복을 제외하면 24명이다. 5.4개월마다 인사발령이 난 것이다. 민영찬, 이완용 등 두 차례 이상 임명된 사람은 9명이다. 새로운 공교육 체제를 성공적으로 구축하기에는 너무도 짧은 임기다.

24명의 학부대신 임용자(서리 포함) 중 윤치호를 제외하고는 모두 과거시험 합격자다. 윤치호는 미국 에모리(Emory)대학을 졸업하고(1893년), 귀국 후 갑오개혁 때 관리로 임용되었다. 다만 윤치호는 학부협판으로서 학부대신을 대리했으므로 정식 학부대신으로 임명된 사람은 모두 과거시험 합격자다.

성리학적 지식을 토대로 하는 과거시험 합격자들이 전혀 새로운 근대 공교육을 관장한다는 것은 아이러니한 일이기도 하다. 그나마 개화파들은 적극적으로 근대 문물을 도입하고자 했으므로 공교육 육성에 심혈을 기울였다.

대표적인 개화파는 갑신정변으로 등장한 박정양, 서광범 등이다. 초대 학부대신 박정양은 1866년 25세에 과거에 합격했고 초대 주미전권공사를 지냈으며 독립협회 조직에도 참여한 개화파의 일원이다. 박정양이 이끄는 학부에서 한성사범학교관제(1845.4), 외국어학교관제(1895.5), 소학교령(1895.7) 공포 등 근대 공교육의 가장 기본적인 초석을 놓았다.

그 뒤를 이은 서광범은 1880년 과거에 합격하고 일본과 미국을 시찰한 개화당의 일원으로 갑신정변의 주역이었다. 정변 실패 후 미국으로 망명하여 1892년 미국 시민권을 취득하고 미 연방정부 교육국의 번역관으로 활동하기도 했다. 1895년 귀국 후에는 학부대신이 되었으나 석 달 만에 주미특명전권공사가 되어 다시 미국으로 건너갔다.

개화적인 성향의 학부대신도 있었지만 격변하는 구한말의 정치 상황에 따라 개화를 반대하고 봉건체제를 지지하는 수구파도 있었다. 수구파의 대표는 3대 학부대신인 이도재다. 그는 1882년 과거 합격자로 전라도 관찰사 시절 전봉준을 체포했고 1884년 11월 학부대신에 임명되었으나 단발령에 반대하여 사임했고, 1898년에 다시 학부대신이 되었다.

신기선은 1887년 26세에 과거에 합격했고 1896년 3월, 학부대신이 되었다. 공립학교에서 한글을 가르치는 것을 금지하여 이에 반대하는 사범학교 학생들의 동맹 퇴학 사건이 일어나기도 했다. 결국 같은 해 9월, 단발령 등에 반대하며 사퇴했다.

국권 상실에 대해 죽음으로 항거한 학부대신도 있다. 1898년 학부대신이 된 조병호는 1910년 한일합방 후 자결했다. 1904년 학부대신인 민영환은 을사조약 체결 후 자결했고, 이용식은 일제 강점기 독립운동에 가담했다.

반면에 이완용을 필두로 윤치호, 이지용, 민종묵, 민영찬, 이건하, 민병석, 민영소, 이재극, 이재곤 등은 친일파로 잘 알려져 있다. 특히 이완용, 이지용은 '을사오적'이고 이재곤은 '정미칠적'으로 역사에 오점을 남겼다.

최초의 학교(국공립)

백지 상태에서 새로운 근대식 학교 교육을 정착시키는 것이 쉬운 일은 아닐 것이다. 그야말로 무에서 유를 창조하는 것이다.

우리나라 근대식 학교의 출발은 1886년에 설립된 배재학당, 이화학당 등의 사학이다. 최초의 관립학교인 육영공원(育英公院)은 1886년 9월 23일 개교한 최초의 근대식 관립학교다. '육영공원설학절목(育英公院設學節目)'은 최초의 근대 학칙이다. 교육과정은 역서, 습자, 학해자법, 산학, 사소습산법, 토리, 학문법, 대산법, 각국 언어, 제반학법첩입경이각자, 격치만물, 각국 역대정치 등이고 수업은 영어로 했다. 선교사인 미국인 교사 세 명이 가르쳤다. 교육과정은 근대적이었지만 사실상 영어 교육기관이었다. 수구파의 간섭 등 여러 사정으로 1894년 문을 닫게 되는데 당시 입학생은 112명이었다. 육영공원에서 영어를 배운 대표적인 사람이 이완용이다.

본격적인 근대 공교육(특히 보통교육)의 제도적인 출발은 갑오개혁부터였다. 1894년 9월 18일, 학무아문이 교동에 우리나라 최초의 근대식 소학교를 설립했다. 각 아문 당 6명의 자제를 추천받는 등 명문 고관 자제들의 신식 학교라는 한계는 있었으나 이후 관·공립 소학교의 모델이 되었다.

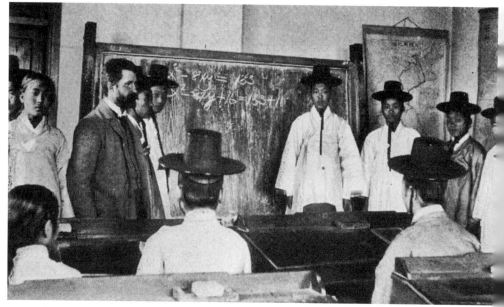

최초의 근대식 관립학교인 육영공원의 수업 모습

최초의 학교 교육법

1895년 2월 고종은 〈교육입국조서〉에서 교육이 국가를 보존하는 근본임을 천명하고, '덕육(德育)', '체육(體育)', '지육(智育)'을 교육 기강으로 삼고, 실용을 중시하는 학교 교육의 기본 원리를 천명했다. 이를 기초로 근대 공교육 수립을 위한 제도적 정비가 이루어졌다.

첫 번째 학교관제는 1895년 4월 16일(음력) 칙령 제79호로 '한성사범학교관제'다. 같은 해 7월 22일(음력)에 칙령 145호로 '소학교령'이 공포된다. 소학교령은 근대식 보통교육 기관인 소학교(초등학교) 설치·운영에 필요한 기본적인 사항을 정한 법제로, 오늘날 우리 공교육의 출발이자 근

서울교동초등학교에 놓여 있는 기념석　　서울교동초등학교

간을 이루고 있다. 8월 15일(음력)에는 '소학교교칙대강'을 발표한다.

　'소학교령'은 교육행정 체계에 있어서는 분권화를 채택하고 있다. 관립소학교에 소요되는 경비는 국고에서 지급하지만 공립소학교에서 요하는 경비는 부 혹은 군에서 부담하고(제3조), 사립소학교는 각 해당 관찰사의 인가를 거쳐 설치한다(제4조). 관내 소학교 교칙은 학부대신의 허가를 받아 관찰사가 정한다.

　교원 인사에 관해서는 관립소학교 교원은 학부대신, 공립소학교 교원은 각 해(당) 관찰사가 임용한다(제23조). 관립소학교 교장은 학부대신, 공립소학교 교장은 각 해당 관찰사가 학부대신의 인가를 받아 그 학교의 교원 중에서 겸임케 한다(제25조).

　사립학교의 설치 근거를 마련하였을 뿐 아니라 사립학교 경비를 지방 재산 또는 국고에서 보조를 받을 수 있는 근거도 마련했다(제5조).

근대 공교육 출발부터 남녀공학을 허용하는 규정을 갖고 있는 점은 매우 특기할 만한 점이다. 소학교령 제12조는 "소학교 단급·다급의 제와 남녀를 구별하거나 혹은 함께하며 교수할 경우와 한 교관의 교수할 아동 수효에 관한 것은 학부대신이 정한다"고 규정하고 있다. 또한 교과서는 학부의 편집한 외에도 학부대신의 검정을 받은 것을 사용하는 것으로 하여(제15조), 검정 교과서제도를 도입하고 있다.

수업연한은 심상과 3년 고등과 2~3년으로 구성되며(제7조), 소학교의 휴업은 일요일 외에 동기·하기를 아울러 매년 90일을 넘지 못한다(제13조).

최초의 교사

백지 상태에서 근대식 공교육을 구축할 때 학교 설치가 우선인가, 교사 양성이 우선인가? 정식 교사를 양성하기에는 시간이 너무 걸리고, 학교를 먼저 설치하면 가르칠 사람이 없게 된다. 그래서 우리는 동시 진행을 택했다. 1895년 4월에 '한성사범학교관제'를, 동년 7월에 '소학교령'을 공포하고 8월에는 4개의 관립소학교를 개교한 것이다.

1895년 8월 3일(관보 제130호, 1895.8.6.), 두 명의 관립소학교 교원이 발령을 받게 된다. 우리나라 최초의 공립학교 교사는 교사 양성 과정을 거치지 않은 관직에 있는 사람이었다. 그러나 1896년 이후 각 지방에 설치되는 공립소학교의 교사는 한성사범학교 졸업생으로 충원하게 된다. 1899년 학부가 교원을 배치한 공립학교는 전국 각지의 51개교다.

소학교는 오륜행실, 소학, 본국역사·지지, 국문, 산술, 외국역사·지지 등 근대 교과목을 가르치도록 하고, 교육방침은 허문을 소홀히 하며 실용을 존중하는 것으로 했다.

이를 위한 최초의 교과서는 1895년 학부가 편찬한《국민소학독본》이며 1896년《심상소학》이다.《공법회통》,《태서신사》,《만국지지》,《대한지도》등 간행물이 교재로 사용되었다.

1898년 학부는 일종의 장학지도처럼 평안북도 공립소학교에 학생들이 답안을 작성해야 할 시험문제를 내려 보냈는데 그중 몇 가지는 아래와 같다.

① 프랑스 혁명은 왜 일어났는가? 나폴레옹은 어떤 영웅인가?

② 영국은 어떻게 세계 1등국이 되었는가?

③ 인도가 영국의 속국이 된 이후 자주를 잃은 것은 무슨 이유인가?

④ 보불전쟁에서 독일이 이기고 프랑스가 진 것은 왜인가?(후루카와 아키라, 2006. 재인용)

보다시피 오늘날 고등학교 수준에서도 쉽게 논하기 어려운 문제들이다.

사립 교육

최초의 사립 교육기관으로 1885년 4월 광혜원, 1885년 8월 배재학당, 1886년 언더우드 학당 등이 선교사에 의해 설립되었다. 그러나 갑오

경장 이후 근대적인 학제에 따라 설립된 최초의 사립학교는 1895년 민영환이 설립한 흥화학교로 본다. 1899년 안창호가 설립한 점진학교는 최초의 남녀공학을 실시한 소학교다.

일제에 의해 1908년 '사립학교령'이 실시되기 전까지 종교적, 민족적, 개화적 또는 다양한 목적의 건학정신을 갖고 있는 사립학교가 자유롭게 운영되었다. 이때까지 운영되던 사립학교는 약 5천 개에 달한다. 그러나 사실상 일제가 제정한 사립학교령의 인가주의에 따라 2,250개 학교만 인가를 받게 된다. 조선 정부에서는 당연히 학교의 지위를 누렸던 절반이 넘는 사립학교가 어느 날 갑자기 학교의 지위를 상실하게 된 것이다. 사립학교령 이후부터 국가의 공교육 독점이 시작되었다. 학교인지 아닌지를 국가가 정하는 것이다. 그 전통은 지금까지 이어져 오고 있다.

사립학교령 이전까지 사학의 설립은 자율이었고 규제가 없었다. 그러나 통감부 설치 이후 일본인 학부차관인 다와라 마고이찌(俵孫一)는 사립학교가 정치와 교육을 혼동하여 불온한 사상을 주입시킨다는 비난을 서슴지 않았다. 사립학교령 제정의 속내를 알 수 있는 대목이다. 국권침탈 직전 일제에 의해 도입된 사립학교령으로 인해 민족 자강에 뜻을 둔 수많은 사립학교가 학교로 인정받지 못하게 되었다.

사립학교 규제의 뿌리인 사립학교령은 국가의 교육 독점과 일제의 국권침탈의 기반을 다지는 수단으로 도입되었다. 오늘날에도 초·중·고부터 대학까지 모든 사립학교가 사립학교법에 의해 규제를 받고 있다.

서당

사립학교령에 의해 많은 학교들이 탄압을 받게 되자 뜻 있는 선각자들은 서당으로 눈을 돌렸다. 근대 교육이 도입되었는데 서당의 수는 오히려 증가한 것이다. 관·공립 신식학교는 일본식 학교로 거부감이 있었고, 사립학교령 이후에 사립학교가 크게 위축되자 전국 각지의 향촌에서는 서당이 대안으로 부상했다.

구한말의 서당은 신학문을 가르치는 곳으로 새롭게 변모하여 보통교육의 기반으로 자리 잡아갔다. 민간의 자율적인 교육 역량이 꺾이지 않고 향촌에서 뿌리를 내리고 있었던 것이다.

구국일념(救國一念)의 선각자들이 적극적인 참여를 하여 서당을 통한 풀뿌리 교육이 활성화되고 관제 학교에 취학을 기피하게 되자 일제는 1918년 '서당규칙'을 제정하여 서당 탄압의 첫발을 내딛었다. 이때 도입된 신고제에 따라 1919년 조사된 서당 현황은 서당 수 23,556개, 교원 23,765명, 학생 수는 268,606명으로 나타났다. 같은 시기에 공립보통학교는 482교, 학생 수는 84,306명에 불과했다. 이때 사립학교는 778교, 학생 수는 2만여 명으로 그 규모가 크게 줄어 있었다. 서당이 압도적인 규모로 보통교육을 담당하고 있었던 것이다.

이에 대해 일제는 1929년에 서당규칙을 강화하여 허가제를 도입하고 조선총독부 편찬 교과서만 사용하게 하여 서당의 뿌리를 잘랐다. 민족 교육을 시키지 못하고 일제의 교과서만 사용해야 하는 서당은 존립 기반을 잃은 것이다. 이후, 서당은 크게 위축되었고 1930년대부터는 일제가 구축한 소위 근대식 학교에서 보통교육이 크게 확대되었다.

서당의 퇴출과 함께 1930년대 이후 세대는 일본 제국주의의 전체주의적 교육에 포섭되었다. 이에 따라 일본 제국주의가 운영하는 근대식 공교육을 받은 세대가 일제 강점기뿐 아니라 해방 후 행정, 군사, 산업의 여러 분야에서 신기술을 갖춘 테크노크라트(technocrat)로 등장하게 된다. 그리고 지역의 공립고등학교를 거점으로 하여 경성제국대학을 정점으로 하는 학력주의(또는 학벌주의)의 싹이 자라게 된 것이다.

김구 선생도 서당을 운영한 적이 있듯이, 구한말 그리고 일제 강점기 초기 서당은 민족교육과 구국 역량을 축적하는 곳이었다. 이를 탄압하는 것은 민족자강 역량을 억누르기 위한 제국주의적 행태다. 민간의 자율적 교육 활동을 억압하고 국가 주도의 강력한 공교육 체제를 구축하는 것은 전체주의 국가의 속성이다. 일제 강점기의 공교육은 학교가 전제국가의 동원 수단으로 악용된 대표적인 사례다.

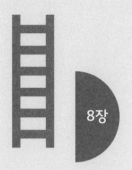

8장

해방 이후 교육부(문교부)

대한민국이라는 민주공화국의 토대는 교육이다. 공교육의 선장
인 교육부 장관을 통해 우리 교육의 지난 세월을 돌아볼 수 있다.

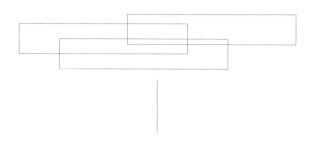

대한민국의 교육 이념

민주공화국의 교육

대한민국은 대한민국 임시정부의 법통을 이어받았다. 대한민국 임시 정부의 교육에 대한 기본적인 입장은 1941년에 발표한 '대한민국 건국강 령'에 잘 나타나 있다.

대한민국 건국강령 총강 2호에서는 "······ 이는 사회 각층 각 계급의 지력(智力)과 권력과 부력(富力)의 향유를 균평하게 하며 국가를 진흥하며 태평을 보유하라 함이니 홍익인간(弘益人間)과 이화세계(理化世界) 하자는 우 리 민족이 지킬 바 최고 공리임"이라 하여 홍익인간을 언급하고 있다. 이 홍익인간의 이념은 우리 교육기본법 제2조(교육이념)에 반영되어 있다.

대한민국 건국강령 제3장 건국 7호는 "6세부터 12세까지의 초등교육과 12세 이상의 고등 기본교육에 관한 일체 비용은 국가가 부담하고 의무로 시행하며, 지방의 인구·교통·문화·경제 등 정형을 따라 일정한 균형 비례로 교육기관을 시설하되 최저한도 매 1읍 1면에 5개 소학과 2개 중학, 매 1군 1도에 2개 전문학교, 매 1도에 1개 대학을 설치하고, 교과서의 편집과 인쇄 발행을 국영으로 하고 학생에게 무료로 분급하며, 공사학교는 일률로 국가의 감독을 받고 국가의 규정한 교육정책을 준수케 하며 한교(韓僑)의 교육에 대하여 국가로서 교육정책을 추행함"을 선언하고 있다.

임시정부의 대한민국 건국강령의 정신은 1948년 대한민국 제헌헌법에 반영되어 있다.

대한민국 제헌헌법 제16조. 모든 국민은 균등하게 교육을 받을 권리가 있다. 적어도 초등교육은 의무적이며 무상으로 한다. 모든 교육기관은 국가의 감독을 받으며 교육제도는 법률로써 정한다.

비록 초등교육에 한정하고 있지만 의무·무상교육을 선언하고 있고, 교육에 대한 국가의 책임을 헌법에서 확인하고 있다.

그러나 초등학교 이상의 의무·무상교육 실현에는 많은 시간이 소요되었다. 중학교 의무·무상교육도 2004년에야 완성되었다. 현재도 고등학교는 무상교육을 도입했지만 의무교육은 아니다. 고등학교까지 완전한 의무·무상교육의 실현이 대한민국의 건국 정신을 살리는 길이다.

교육부(문교부) 장관

문교부로부터 시작한 교육부는 정부조직법에 따라 교육인적자원부, 교육과학기술부 등 여러 명칭을 사용하기도 했지만 현재는 교육부로 정착했다.

교육부 장관은 국무위원으로서 교육정책을 총괄하는 중요한 역할을 수행한다.

1948년 8월 3일 임명된 초대 안호상 문교부 장관부터 정부 수립 이후 2017년 박근혜 정부까지 총 56명의 교육부 장관이 임명되었다. 이 기간 동안 평균 재임기간은 14.5개월이다. 안정적인 교육정책을 펼치는 데 긴 기간은 아니지만 평균적으로 1년을 넘기고 있어 일반의 인식보다는 길다.

안호상 초대 문교부 장관은 상하이(上海)에서 독립운동을 하다 독일로 건너가 1929년에 독일 국립 예나대학에서 철학박사 학위를 받았다. 청년 시절부터 대종교에 입교했으며 1992년 대종교 총전교가 되었다. 안호상은 '홍익인간'을 민주적 인간의 한국적 표현으로 보아 우리 교육이념으로 정착시켰다.

우리 교육이념으로서 홍익인간에 대해 논란이 있지만, 이것은 해방 후에 갑자기 논의된 것이 아니다. 1941년 '대한민국 임시정부 건국강령'에 이미 천명되었고, 1945년 해방 직후 미군정이 설치한 조선교육심의회에서 백낙준이 제안하고 치열한 논의 끝에 채택되었다. 당시 홍익인간과 함께 경쟁하다 같이 채택된 것이 '인류공영(人類共榮)'이다. '홍익인간'과 '인류공영'은 정부 수립 후 교육법에 반영되었으며 현재 우리 교육기본법 제2조(교육이념)로 이어오고 있다.

제2조(교육이념). 교육은 홍익인간의 이념 아래 모든 국민으로 하여금 인격을 도야(陶冶)하고 자주적 생활능력과 민주시민으로서 필요한 자질을 갖추게 함으로써 인간다운 삶을 영위하게 하고 민주국가의 발전과 인류공영의 이상을 실현하는 데 이바지하게 함을 목적으로 한다.

홍익인간과 인류공영은 그 취지는 같으나 홍익인간은 고조선의 건국 이념으로서 민족주의적 전통에 기반을 두고 있다. 안호상은 '민주적 민족론'을 주창하여 폐쇄적인 민족주의를 반대하고 다른 민족과 함께 공존하는 민족주의를 주창했다. '홍익인간'은 이를 반영한 교육이념이자 단군의 건국 이래로 우리 민족이 지향하는 바람직한 인간상이다.

제2대 문교부 장관은 백낙준이다. 그는 일제 강점기 초기에 '105인 사건'에 연루되기도 했다. 1916년 미국으로 건너가 1927년 종교사학으로 미국 예일대학에서 박사학위를 받았다. 1946년부터 연세대학교 초대 총장을 지내다 1950년 5월 6.25 직전에 문교부 장관으로 임명되었다. 6.25 전쟁 중 피난지에서 노천 수업을 운영했으며 지방교육자치제 실시, 지방국립대학 체제 구축 등의 업적을 남겼다.

백낙준은 "해방된 우리에게 필요한 교육은 가르치는 '우리'가 아니라 교육받는 '우리'에게 맞는 교육이어야 한다"고 천명하여 학생중심교육을 강조했다. 또한 교육자치제를 교육의 사회화, 교육의 자주성 확보, 교육 재정의 독립에 그 의의를 두었으며 민주주의 교육의 근간으로 보아 교육 자치제의 이념적 기초를 마련했다.

제3대 문교부 장관은 김법린이다. 이름이 상징하듯 불교 승려다. 3.1 운동 때 불교계 독립만세운동에 가담했고 1921년 파리로 가서 1926년에 파리대학 철학과를 졸업했다. 귀국 후에는 한용운과 함께 비밀 결사를 조직하기도 했고 1942년 조선어학회사건으로 투옥되었다. 승려 신분으로 독립운동을 했으며 해방 후 제3대 문교부 장관으로 임명되었다. 교육자치 시행 초기에 이를 폐지하려는 내무행정의 움직임을 강하게 비난하며 교육자치제를 정착시켜 나갔다.

이선근 제4대 문교부 장관은 고등학교 시절 3.1운동에 참여하여 심한 고문을 당했고 와세다대학에서 사학을 전공했다. 일제 강점기 〈조선일보〉 편집국장을 지냈고 해방 후 국방부 정훈국장으로 군에 입문하여 1952년 준장으로 예편했다. 1953년 서울대에서 박사학위를 받고 1954년에 문교부 장관이 되었다. 문교장관이면서 국사편찬위원회를 설치하고 위원장을 겸하면서 역사학에 기여했다. '화랑'과 '화랑도'를 건국 정신의 기반으로 제시했다.

최규남 제5대 문교부 장관은 우리나라 최초의 미국 이학박사다. 연희 전문을 마친 후 1926년 미국으로 건너가 1933년 미시간대학에서 박사학위를 취득했다. 1948년 문교부 초대 과학국장을 지냈고 문교부 차관, 서울대 총장을 거쳐 1956년에 문교부 장관이 되었다. 우리나라 과학교육의 기초를 다졌다는 평가를 받는다.

제6대 최재유 장관은 1927년 세브란스 의전을 마치고 1937년 경도 대학에서 의학박사 학위를 취득했다. 1955년 보건사회부 장관을 지냈으며, 1957년에 문교부 장관이 되었다. 교육 활동에 있어 '조국 혼'을 강조했고 도의교육과 과학기술교육 등을 강조했다.

제6대 장관까지는 이승만 정부에서 임명되었다. 주로 독립운동 경력이 있는 선구적인 석학이나 명망가들이다. 이들에게는 20세기 초반에 태어나 3.1운동 즈음에 청년기를 거치고 이후에 외국으로 나가 공부한 공통점이 있다. 초기 세 분은 대종교, 기독교, 불교 등 종교적인 색채가 뚜렷한 것도 특징이다.

제8대 문교부 장관인 오천석은 1925년 코넬대학에서 교육학 학사, 1927년 노스웨스턴대학에서 석사, 1931년 콜롬비아대학에서 박사학위를 취득했다.

그는 교육학을 전공한 최초의 문교부 장관이었다. 존 듀이(John Dewey)의 영향을 받아 민주교육을 중시했다. 이미 미군정청에서 문교부장을 지내며 교육 이념으로서 홍익인간 설정, '6-3-3-4제'학제 정립 등 우리 교육제도의 기초를 다졌다. 그럼에도 대한민국의 문교부 장관은 1960년 4.19 이후 제2공화국에서야 임명된다.

미국에서 교육학을 공부하고 해방 후에 돌아와 미군정 문교부장으로서 우리나라 교육의 기틀을 잡는 데 크게 기여한 오천석이 정부 수립 초기에 문교부 장관으로 활약하지 못한 것은 아쉬운 점이다. 제2공화국에서 문교부 장관이 되었으나 재직 기간이 너무 짧았다.

1961년 5.16으로 임명된 제10대 문교부 장관은 문희석으로 해병대 대령 출신이다. 서울대학교와 육군종합학교를 거쳐 군에 입문했다.

1962년 임명된 제11대 김상협 장관은 일본에서 고등학교와 도쿄대학을 졸업했다. 문교부 장관을 지낸 이후, 고려대 총장과 1982년에는 국무총리를 지냈다.

제12대 박일경 장관은 경성제국대학 법학과를 졸업하고 일제 강점기 고등문관시험에 합격한 관료 출신이다. 함평 군수를 지내다 해방을 맞이했다. 해방 후 학자의 길을 걷다가 부산대학교총장, 법제처장을 거쳐 1962년 10월에 문교부 장관이 되었다.

검사 출신 문교부 장관도 있다. 제16대와 제18대 두 번의 문교부 장관으로 임명된 권오병은 일제 강점기 고등문관시험 사법과에 합격한 검사 출신이다. 1945년부터 검사 생활을 시작하였으며 부산지방검찰청 검사장, 법무차관을 거쳐 1965년 문교부 장관이 되었다. 이후 법무부장관을 하고 다시 1968년 문교부 장관이 되었다. 1968년 12월 5일 반포된 '국민교육헌장' 제정을 추진했다. 이후 1969년 국회에서 장관 해임 건의안이 통과되어 해임되었다.

권오병에 이어 임명된 홍종철은 대통령 경호실장 출신이다. 육군사관학교 출신이고 육군 준장 출신이다. 1963년에 경호실장, 1969년 문교부 장관이 되었다.

22대 황산덕 장관은 1943년 고등문관시험 합격자로 성균관대 총장, 법무부장관을 거쳐 1976년 문교부 장관으로 임명되었다.

유신시대 마지막 문교부 장관인 박찬연은 제헌국회의원 출신이다. 장면 정부에서 교통부 장관을, 박정희 정부에서 마지막 문교부 장관을 지냈다.

5.16 이후 박정희 정권의 문교부 장관은 3.1운동 즈음에 출생한 세대이고, 일제 강점기 고등문관시험을 합격한 관료나 군 출신이 많은 것이 특징이다. 학부 또는 대학원에서 교육학을 전공한 사람은 한 명도 없다. 당시 '학원 소요', '학원 사태'라는 말이 있듯이 학원 관리, 즉 대학을 정치적 목적으로 통제하는 문교부의 역할을 중시했음을 알 수 있다.

제5공화국이 들어서는 1980년대 이후는 문교부 장관의 임명에 뚜렷한 변화가 나타난다. 박사학위를 소지한 대학교수 또는 총장 등 학자들이 대부분을 차지하고 있다. 1980년부터 박근혜 정부까지 박사학위 미소지자는 이해찬 장관과 김진표 장관 두 명뿐이다.

1987년 임명된 제28대 서명원 장관은 1953년 조지 피바디 사범대학 (George Peabody College for Teachers)에서[9] 교육학 박사학위를 취득했다. 그 뒤를 이은 29대 김영식 장관, 30대 정원식 장관까지 4년 동안 조지 피바디 사범대학 출신들이 연이어 문교부 장관을 지냈다. 이로써 긴 기간은 아니었지만 우리나라 교육정책에 피바디 학파의 영향력이 각인되는 계기가 되었다.

이들 장관뿐 아니라 우리 정부와 조지 피바디 사범대학 사이에 체결한 교원양성 원조 프로그램으로 1956년부터 1961년 동안 82명의 유학생이 파견되었다. 이들은 우리나라 교육학계의 주류로서 교육학 발전과 교육정책 수립에 매우 큰 영향을 끼쳤다.

정부 수립부터 박근혜 정부까지 교육부 장관 56명의 특징을 분석하면 학력으로는 박사학위자가 37명이다. 학부 또는 대학원에서 교육학을 전공한 장관은 11명에 불과하다. 전공별로 보면 교육학 11명, 정치학 9명, 법학 8명, 철학(신학) 7명, 사회학 3명, 경제학 3명, 사학 2명, 어문학 등 2명, 육사 등 군 관련 2명이고 이과 전공자는 9명이다.

최종 학력을 국가별로 보면 미국이 25명으로 가장 많고 일본(경성제국대학 포함) 13, 한국 12, 독일 2, 프랑스 2, 오스트레일리아 2명이다. 대학 총장 출신 교육부 장관은 13명이다.

교육부 장관을 두 번 지낸 분은 16대, 18대 권오병 장관과 36대(교육인적자원부 장관)와 46대(교육인적자원부 장관 겸 부총리)를 지낸 안병영 장관이다. 안병영 장관은 우리 교육부 정책에 최초로 '교육복지' 개념을 도입·추진하여 교육정책의 지평을 넓히는 큰 발자취를 남겼다. 복지국가에 대한 학문적 배경을 갖고 있는 안병영 장관이 교육복지 정책을 추진한 것처럼 교육부 장관의 학문적 정치적 배경은 교육정책에 많은 영향을 준다.

정부수립 초기에는 독립운동에 참여한 민족주의적 성향이 강한 장관

---

9   1979년에 밴더빌트대학교(Vanderbilt University)와 합병하여 오늘날에는 동 대학교의 〈Peabody College of Education and Human Development〉로 남아 있다.

이 많았다. 독립 국가로서 교육을 통한 민족 정체성 확립이 중요한 과제였다고 볼 수 있다.

5.16 이후 박정희 정권에서 많이 등장하는 군인, 검사, 심지어 대통령 경호실장 출신의 임명은 당시의 정치적인 상황을 반영하고 있으며, 대학에 대한 강한 통제 의도를 보여주는 것이다.

1980년대 이후에는 대학교 총장이나 학계의 명망가들이 주로 임명되었다. 미국 박사가 압도적으로 많아서 미국 교육사조에 우리 교육이 많은 영향을 받을 수밖에 없음을 알 수 있다.

교육부 장관에 따라 교육정책이 영향을 받는다는 것은 장관이 바뀌면 교육정책이 바뀔 수 있다는 것을 의미한다. 이것이 장관이 바뀔 때마다 교육정책이 자주 바뀐다고 비판받는 요인의 하나다.

또 다른 문제는 외국에서(특히 미국) 논의되는 특정 사조가 우리나라에 획일적으로 이식된다는 것이다. 우리나라는 중앙정부 주도의 교육행정 시스템으로 교육부 장관의 지적인 배경에서 유래하는 특정 학파의 패러다임 또는 이데올로기가 전국적인 영향을 미친다.

예를 들면, 학교 교육의 정보공개, 자립형 사립고를 통한 학교 선택권 보장 등 교육의 시장화를 추진했다고 평가받는 이주호 제3대 교육과학기술부 장관(교육부 전체로는 53대)은 미국 경제학(코넬대학) 박사다. 1960년대부터 미국 공교육 개혁을 위해 바우처(voucher)제도 도입 등 초중등 교육에 선택과 경쟁 원리 도입을 주장한 밀턴 프리드먼(Milton Friedman)의 영향을 받았다고 볼 수 있다.[10]

---

10   밀턴 프리드먼은 1976년 노벨 경제학상 수상자로 1962년 ≪자본주의와 자유≫에서 바우처를 통한 사립학교 선택권 확대와 공사립 학교 간 경쟁 등을 주장했다. 이것이 우리나라에도 도입된 '자율형사립고'의 유래다.

미국의 한 대학이나 학과의 교육 패러다임은 미국 전체 학교에 영향을 주지는 못한다. 왜냐하면 자치 분권적 교육 시스템에서 어느 한 이론이 전체 미국 교육을 휩쓰는 것은 어려운 일이기 때문이다. 여러 학파의 이론들이 현장에서 실천적 프로그램으로 다양하게 적용되는 것이다.

이런 면에서 국가주의 교육정책이 강한 우리나라에서 교육부 장관의 지적인 배경과 교육정책과의 연관성을 분석해보는 것은 우리 교육정책 변화의 중요한 요인을 이해하는 길이 될 것이다.

9장

미국 연방 교육부와
교육자치

마을 단위에서 출발하여 주정부와 연방정부로 이어지는 미국 교육 시스템은 분관과 자치라는 민주주의 이념에 기반을 두고 있다.

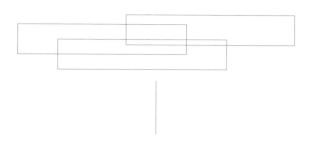

국가주의 교육의 억제

: 연방 교육부

실제

많은 오해 중 하나가 미국 연방정부에는 교육부가 없거나 역할이 미미하다는 인식이다. 이런 오해의 원인은 미국 연방헌법에 교육에 관한 규정이 없기 때문이다. 연방헌법에 규정이 없는 사항은 주정부의 권한으로 귀속된다는 부칙에 따라 교육은 주정부의 전권한적 권한으로 인정된다.

그러나 2020년 회계연도 기준 미국 연방 교육부의 정식 직원(full-time) 수는 3,991명에 이르는 대규모 정부 부처다. 교육부 예산 규모는 100여 개가 넘는 프로그램에 약 714억 달러(약 82조 원)에 달한다. 2019년 결산 기준 미국 전체 교육 재정의 6.9%를 담당하고 있다. 주정부가 43.7%, 지역 학교구가 35.9%, 기타 기관이 9.5%를 담당하고 있다(U.S. Department of Education). 연방정부 부처 중에는 세 번째로 큰 규모의 예산이다.

교육부의 규모는 1867년 출발 당시 3명이었으나 1950년에는 300명, 1960년에는 직원 수가 1,500명에 이르렀다. 이후 계속 증가하여 1980년에는 7,400명에 달했으나, 레이건 정부 시절인 1985년에는 5,000명으로 크게 줄었으며, 2009에는 4,045명, 2020년에는 3,991명으로 나타나고 있다. 전통적으로 교육부 폐지 또는 축소를 주장하는 공화당 집권기에는 교육부 인력이 줄어드는 경향을 보인다.

탄생

미국 연방 교육부는 예산 규모나 인력 면에서 작지 않은 내각 부서의 하나지만 오늘날과 같은 모습과 역할을 수행하기까지는 오랜 시간이 필요했다. 이런 논의는 연방정부(즉, 국가)의 교육에 대한 역할을 둘러싼 논쟁의 결과다. 연방 교육부의 역할을 강조하면 조직과 예산은 확대되고 권한이 강화될 수밖에 없기 때문이다.

미국 역사상 최초의 연방정부 차원의 교육 담당 부서 설치는 1867년에 이루어졌다. 연방의 교육 개입을 우려하는 많은 교육자들과 의회의 반대가 있었으며 1년 여의 논쟁 끝에 1867년 교육부 설치법(The Organic Act to Establish a Department of Education)이 의회를 통과했고, 비록 장관 지위는 아니었지만 독자적인 교육 부서로서 역사적인 첫발을 내딛었다.

당시 교육 부서 설치의 가장 큰 명분은 미국의 교육 상황에 대한 통계와 실상에 대한 자료수집의 필요성이었다. 이에 따라 당시의 연방 교육부는 통계자료 수집, 연방 공여 토지(land grant) 관리, 학교현황 조사 등 매년 미국 전체의 교육에 관한 상황을 조사하여 의회에 보고하는 것이 가장 중요한 역할이었다.

연방교육장(United States Commissioner of Education)은 의회의 동의를 얻어 대통령이 임명했다. 미국 역사상 최초의 연방교육장에는 주 의원으로서 코네티컷주의 공교육의 기초를 마련했고 당시 세인트 존스 칼리지(St. John's College)의 총장이었던 헨리 버나드(Henry Barnard)가 임명되었다. 초기에는 3명의 직원과 두 개의 방이 전부인 미약한 출발이었으나, 연방의회에 매년 제출한 연차보고서(annual report)는 미국 교육의 역사를 기록한 가치 있는 자료로 높이 평가받고 있다.

그러나 교육에 대한 연방의 역할 확대를 우려한 의회의 지속적인 견제로 1868년 교육국(Office of Education)으로 명칭을 변경하고 조직의 독립성을 상실하여 내무부(Interior Department) 소속으로 바뀌었다. 1870년에는 교육실(Bureau of Education)로 명칭을 변경했으며, 1930년에는 연방안전부(Federal Security Agency)로 소속을 변경했다. 이때까지는 내각의 명칭에 교육부는 존재하지 않고 다른 정부 부처의 하부 조직으로 운영되던 시기다.

1953년에 처음으로 건강교육복지부(Department of Health, Education and Welfare)로 재구조화하여 교육(Education)이라는 명칭이 내각 지위에 등장하게 되었다. 따라서, 1953년부터는 과거 우리의 '교육과학기술부'처럼 '건강교육복지부'라는 복합 부처이긴 하지만 교육부가 내각의 일부로서 등장하게 된 것이다. 그리고 마침내 1979년에 완전한 독립 내각 부처로서 교육부(Department of Education)가 탄생하게 된다.

일각의 많은 오해와는 달리 1979년 연방 교육부 설립 이전에 적어도 1868년부터는 연방정부에 교육을 담당 부서는 존재해온 것이다. 20세기에 들어와 독자적인 연방 교육부를 창설하기 위한 노력은 지속적으로 있어 왔다. 1908~1975년 동안 130개의 교육부 설치법이 의회에서 상정되었다가 부결되었을 정도로 정치적인 공방이 치열했다.

내각 지위의 독자적인 연방 교육부의 창설은 1976년 선거에서 민주당의 카터(Jimmy Carter) 대통령이 가장 큰 규모의 교원 단체인 전국교육연합(National Education Association)의 지지를 얻기 위해 선거 공약으로 제시한 것이 계기가 되었다. 치열한 의회의 논의 끝에 카터 대통령의 임기 말인 1979년에 와서야 215 대 201의 간발의 차이로 미 의회를 통과했고, 1980년 5월 7일 미국 연방 교육부가 독자적인 내각 지위의 부처로서 역사적인 출범을 하게 되었다.

그러나 6개월 뒤 교육부 폐지를 공약한 공화당의 레이건(Donald Reagan)이 당선되어 교육부 폐지가 다시 정치적 쟁점으로 등장하게 된다. 연방의 교육적인 역할 확대를 주장하는 민주당과 주정부의 자율성을 중시하고 연방 개입을 반대하는 공화당의 교육 정책적 입장이 교육부 폐지 논란으로 이어진 것이다.

그러나 레이건 대통령의 교육부 폐지 정책은 국민들의 지지를 얻지 못했고, 오히려 공화당의 부시(George Bush) 대통령은 교육 대통령을 표방하기도 했다.

역할의 제한

연방 교육부가 NCLB법(No Child Left Behind Act)과 같이 교육 정책을 적극적으로 추진하고 있지만 본질적으로 그 역할은 크게 제한적이다. 교육부 설치를 위한 정치적인 타협이기도 하지만 '주정부의 교육에 대한 자치적 권한을 침해하지 않는다'는 교육 분권화의 핵심 가치가 여전히 강조되고 있다.

연방 교육부의 성격과 권한은 '교육부 설치법(the Department of Education Organization Act)'의 '연방 통제 금지(no-federal-control principle)' 조항에 잘 나타나 있다. 연방 교육부는 교육과정, 교수학습 프로그램, 교육행정, 학교 시스템, 교과서와 같은 학습자료 채택 등을 감독·장학·통제할 수 없다고 하여, 연방 교육부의 지역 교육에 대한 통제 가능성에 대해서 입법을 통해 원천적으로 제한하고 있다.[11]

이에 따라 미국 연방 교육부는 교육에 대해 일반적인 관리 감독권과 장학권이 없으며, NCLB와 같이 입법에 의해 추진되는 재정지원 프로그램의 부대 조건(대표적인 것이 표준 학력평가의 의무화)을 다는 것과 같이 제한된 정책과 재정지원 프로그램의 집행을 관리하는 권한을 갖고 있을 뿐이다.

연방정부가 교육에 관한 헌법적인 권한이 없음에도 그 역할을 지속적으로 확대해온 근거는 연방헌법이 보장하는 일반적인 국민의 복지증진 책무에서 찾고 있다. 연방정부가 교육 내용에 대해서는 개입하지 못하지만 저소득층을 위한 교육복지 프로그램 등은 추진할 수 있다는 것이다. 이러한 노력과 연방정부의 정책을 적극 활용하여 표준학력평가와 그 결과의 공개와 같은 책무성 원리를 교육정책에 도입하려는 공화당의 정책적 입장이 맞물려서 연방정부의 적극적인 교육정책 프로그램인 'NCLB 법'이 탄생한 것이다.

---

11 "No provision of a program administered by the secretary or by any other officer of the Department shall be construed to authorize the Secretary or any such officer to exercise any direction, supervision, or control over the curriculum, program of instruction, administration, or personnel of any educational institution, school, or school system, over any accrediting agency or association, or over the selection or content of library resources, textbooks, or other instructional materials by any educational institution or school system, except to the extent authorized by law.(Pub. L. No. 96-88, § 103(b), 93 Stat. 668, 670(1979)"

우리 헌법은 교육을 국가의 책무로 규정하고 있다. 이에 따라 공교육의 기본적인 존립 근거인 의무교육의 이행 주체가 국가로 되어 있다. 그리하여 국가의 입법 기관인 국회가 정한 법률에 따라 의무교육, 학제, 학교의 종류, 교육과정 등 대부분의 중요한 정책이 직·간접적으로 모두 중앙정부의 책무와 규제 사항으로 되어 있다. 이 점이 미국 연방 교육부와 우리 교육부와의 법적 역할에 있어 근본적인 차이점이다.

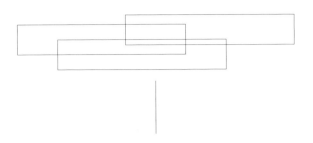

주민들이 운영하는 공립학교

우리 마을의 아이는 우리 마을이 책임진다

미국의 공립 초등학교, 중학교, 고등학교는 타운 또는 도시 단위의 주민들이 참여하여 운영한다. 모든 주민이 직접 참여하지는 못하므로 선거를 통해 교육위원이라는 대표자를 선출하여 운영한다. 교육위원회(Board of Education)의 구성은 보통 시(city)나 군(town) 단위로 구성된다. 이 교육위원회 설치 단위를 '학교구(school district)'라고 한다. 예를 들면, 전체 인구가 340만 명 정도인 동부의 코네티컷주는 205개의 시·군 단위의 학교구를 운영하고 있다. 미국 전체로는 13,592개의 학교구가 있다(National Center for Education, 2012).

특이한 점은 학교구는 공립학교만 관장하고 사립학교는 관장하지 않

트럼불 교육위원회의 정례 회의 모습

는다는 것이다. 사립학교는 주정부의 법령에 따라 자율적으로 운영된다.

학교구와 교육위원회제도는 미국의 역사적인 산물이고 온전한 제도
로는 미국에서만 운영되고 있는 교육자치제도다. 17세기 광활한 식민지
에 정착한 초기 개척 시대부터 자녀교육은 각 마을이 책임지도록 하는
전통에서 유래했다. 공화정과 종교의 자유를 열망하는 청교도들은 일반
대중의 교육을 중시하고 각 마을 단위로 기초 교육을 실시하는 것을 의
무화했다. 초기에는 마을 주민 전체가 학교 운영에 참여했지만 점차 사회
규모가 커짐에 따라 교육에 관한 대표자, 즉 교육위원을 선출하게 된다.
일반적인 행정을 위한 대의체가 있음에도 별도의 교육위원회를 구성한
것은 교육의 독자성과 중요성을 강조한 것이다.

학교구가 마을마다 형성된다는 것은 마을마다 교육의 독자성을 갖는다는 것을 의미한다. 어디에 학교를 건설할 것인지, 얼마 동안 학교를 운영할 것인지, 교사를 어떻게 채용할 것인지, 그리고 무엇을 가르칠 것인지가 학교구 단위로 결정되게 된다. 매우 분권화된 교육자치인 것이다.

다양성과 격차

이런 제도의 장점은 다양성이지만 단점은 동네마다 교육 격차가 발생한다는 것이다. 좋은 교육위원회를 구성한 동네는 학교 운영이 원활하지만 그렇지 못한 동네는 교육위원의 무능력과 갈등 등으로 학교 운영이 매우 곤란해진다. 또한 주로 자기 지역의 세금으로 공립학교를 운영하게 되므로 부자 동네와 가난한 동네의 교육비에서 큰 차이가 발생하게 된다. 같은 주(state) 내에서도 학교구에 따라 교사 급여에 차이가 난다. 부자 동네는 우수한 교사와 교장, 그리고 교육감을 높은 연봉을 조건으로 스카우트하기도 한다. 초임 교사들은 채용이 쉬운 열악한 학교구에서 교사로 일하다가 경력을 쌓아 더 좋은 학교구로 옮기는 사례가 많다.

우리로선 더욱 이해하기 어려운 점은 동네마다 배우는 것이 다르다는 것이다. 주정부는 각 교과목의 기본 이수 단위와 기본적인 교육과정만 정하고 나머지는 학교구에서 정한다. 그러다 보니 학교구마다 배우는 교과와 진도에 큰 차이가 나게 된다. 그래서 다른 지역으로 전학을 가게 되면 학습 진도에 큰 애로사항이 발생하는 경우가 많다.

교육과정 결정에 있어 학교구의 권한은 가치적인 과목의 내용에서 뚜렷하게 나타난다. 예를 들면, 창조론을 가르칠 것인가 아닌가를 교육위원회가 결정하는 것이다. 무엇을 가르칠 것인가를 주민이 결정하는 것이 교육자치의 진정한 의미라 할 수 있다.

이러다 보니 미국 전체의 다양한 교육과정을 포괄하는 교과서 제작도 어렵다. 그래서 가급적 많은 지역의 교육과정을 반영하다 보니 미국 교과서는 내용이 매우 풍부하다. 교과서를 다 배우는 일은 애초에 불가능한 일이고 교과서는 그야말로 학습 교재로 학교마다 필요한 부분만 취사선택하여 사용하는 것이다.

다양한 교육과정은 미국식의 독특한 입시제도를 낳게 된다. 우리의 수능처럼 정해진 교과에 기반을 둔 학력평가를 실시하기가 어렵다. 따라서 일반적인 학습능력을 평가하는 SAT와 같은 표준화된 역량평가를 주로 사용한다. 주마다 또는 학교구마다 고등학교의 교육과정과 평가체계가 다르기 때문에 이를 정성적으로 평가하는 입학사정관제가 발달하는 토양이 되기도 한다.

최근에는 주정부가 통일적인 교육과정표준(curriculum standard)을 정해 최소한의 통일성을 기하고 있다. 주 단위의 통일된 교육과정이 있어야 NCLB[12]에서 요구하는 주 단위 학력평가가 가능하기 때문이다. 지금은 표준학력평가를 모든 주에서 실시하고 있다. 한걸음 더 나아가 연방 차원의 교육과정을 만들려는 노력이 지속적으로 전개되고 있다.

지역 주민들은 부동산에 부과되는 교육세를 내야 한다. 학교구 재정의 반 정도는 주민들이 내는 세금으로 직접 부담하고 있다. 나머지의 대부분은 주정부가, 그리고 2~5% 정도의 아주 적은 비중으로 연방정부가 지원을 하고 있다. 교육세 비율도 교육위원회가 결정한다. 공교육에 얼마를 투자할 것인가를 지역 주민이 결정하는 것이다. 교사의 급여 수준도

---

12 「No Child Left Behind Act」는 미 연방정부의 초중등교육 지원을 위한 법령이다. 이 지원을 받기 위해서는 주 단위 표준학력평가를 실시하고 그 결과를 공개해야 한다.

교육위원회가 정한다.

학교구제도에 따라 다양성과 격차가 발생하긴 하지만 최근에는 주정부와 연방정부의 지원으로 격차 해소에 노력하고 있으며 교육 내용에 있어서도 표준화를 강화하는 추세다. 그러나 자치분권을 지지하는 측에서는 이러한 경향을 강하게 비판한다. 교육의 획일성을 반대하는 것이다. '우리 아이는 지역 주민의 손으로 교육시킨다'는 강한 교육자치의 전통이 미국 민주주의의 뿌리가 된다고 보기 때문이다.

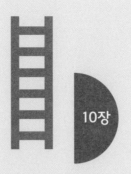

개천의 용을 위한
사회적 교육정책

우리 사회의 번영·발전을 위한 경쟁력을 확보하고 사회적 형평성을 도모할 수 있는 대안적 생각실험이다. 국가의 역할은 초중등 교육과 고등교육에서 교육격차를 완화하고 사회적 형평성을 도모하는 데 집중해야 할 것이다. 교육에 대한 정부 개입의 정당성은 여기에 있다.

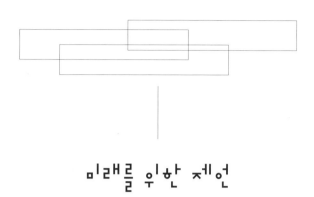

미래를 위한 제언

학점당 등록제

탄력적인 학사제도는 AI 시대 지식 소통의 빠른 사이클을 따라가기 위한 중요한 제도다. 현재의 학기별 등록금제도는 학사 운영의 탄력성을 저해하는 제도적 장애요인이다.

매주 3시간씩 15주 수업이 3학점이 되고, 학기별로 5~6개 정도 과목을 이수하여 15~18학점을 취득하는 것이 통상적인 학기제 운영방식이다. 등록은 학기별로 이루어진다. 이러한 경직된 학기제를 탈피하여 과목 특성에 맞는 집중적인 수업이나 실험 그리고 현장실습과 같은 다양한 수업 방식의 운영이 필요하다. 이미 제도화된 집중 이수제를 활용하면 4주 만에 45시간, 즉 3학점을 소화할 수 있다. 어떤 과목은 집중적인 실습을 통해 2주 만에 3학점을 소화할 수도 있다.

이처럼 학기에 구애받지 않는 다양한 학사 운영이 가능하려면 그 비용에 대한 정산 방식의 변화가 필요하다. 학기제 등록 대신, 이수 학점에 따라 등록금을 내는 방식으로 전환하면 다양한 형태의 학사 운영에 대한 비용 징수가 가능해진다. 학점당 등록제는 다양하고 탄력적인 수업 운영을 위한 제도적 기반이 되는 것이다.

학점당 등록제는 시간과 장소에 구애받지 않는 다양한 형태의 온라인 수업을 활성화하는 데 큰 도움이 된다. 온라인 수업을 꼭 기존의 학기에 얽매여 운영할 필요가 없기 때문이다. 이수 단위를 기준으로 수업료를 징수하는 것이 합리적인 방안이다.

코로나19 이후 대학의 온라인 강의가 크게 확대되고, 나아가 온라인 수업만으로 학사와 석사 학위 취득이 가능한 규제 완화가 추진되고 있다. 전 과정을 온라인 수업으로 운영하는 경우에는 졸업 연한, 이수학점 등이 다양해질 것이므로 이를 뒷받침하는 학점당 등록제가 더욱 필요하다.

학점당 등록제는 파트타임(part time) 학생을 가능하게 한다. 즉, 대학에 입학해서 필요한 만큼만 학점을 이수하고 각자가 필요한 만큼 졸업 연한을 조절할 수 있게 된다. 직업현장에서 일을 하면서 학점을 취득할 수 있고, 현장실습을 병행할 수도 있다. 일과 학습의 병행이 가능해진다. 이런 과정을 통해 대학을 졸업하기 전, 이미 직업현장의 경력을 갖춘 경력직 지원자가 되는 것이다.

최근 논의되고 있는 대학 간 네트워크 구축에 학점당 등록금제는 필수적인 제도다. 왜냐하면 다른 대학에서 이수한 학점의 비용 정산이 필요하기 때문이다. 이는 이수 학점당 비용이 명확하게 산정되어 있어야만 가능하다.

대학의 정원은 대학 전체의 정원과 학과별, 전공별 정원이 있다. 대학 전체의 정원은 교육부가 정한다. 교육부가 배정한 총 정원을 기반으로 대학 내에서 학과별, 전공별 정원이 정해진다.

대학 정원의 주 기능은 인적자원의 배분 기능이다. 미래 수요에 대비하여 전공 분야가 개설되고 사회적 수요가 많은 분야에 더 많은 정원이 책정될 것이다. 시장 수요에 의해 인적자원의 재배분이 자연스럽게 이루어지는 시장민주주의 사회에서 대학 정원은 사회적 인력 수요를 반영하게 된다.

그러나 반도체나 코딩 인력을 양성하기 위해 필요한 학과의 정원을 늘리지 못한다는 문제 제기가 있듯이(《중앙일보》, 2020. 5. 28.) 우리 대학의 정원 운영은 대단히 경직적이다. 대부분 대학에서 정원을 설정하는 단위는 '전공' 또는 '학과' 단위로 세분화되어 있다. 이처럼 정원이 설정되는 학과 또는 전공이 대학입시에서 모집 단위가 된다. 따라서 일단 전공 또는 학과 단위로 입학을 하게 되면 그 울타리를 넘어가기란 매우 어려운 일이다.

전공과 학과는 그야말로 난공불락의 성채다. 기존 학과의 정원을 줄이는 것은 엄청난 리더십이 있는 총장이 아니면 실현하기 어려운 일이다. 해당 학과의 성채를 무너뜨리는 일이기 때문이다. 학생이 그 전공을 좋아하거나 말거나 사회적 수요가 있거나 말거나 상관이 없다. 새로운 학과를 신설하기도 어렵고 학과의 통폐합은 더더욱 어려운 일이다. 오죽하면 학과 통폐합을 유도하는 재정지원 프로그램이 있었겠는가?

학점당 등록제가 제도화되고 파트타임 학생이 늘어나게 되면 현재의 경직적인 정원제도는 큰 걸림돌이 될 것이다. 특히 전면적인 온라인 학위과정이 허용되면 더욱 그러할 것이다. 현재의 정원제도는 파트타임 학생제도 도입도 어렵게 하고 미네르바 스쿨 같은 온라인을 기반으로 한 탄력적인 학사운영도 어렵게 한다.

따라서 현재의 경직적인 정원제도에 대한 발상의 전환이 필요하다. 대학별 총 정원을 각 대학이 교육 여건을 감안하여 탄력적으로 정할 수 있도록 할 필요가 있다. 소수의 정원으로 질 높은 교육을 할 것인지, 다수의 학생으로 대량생산적인 교육을 할 것인지의 여부를 대학이 선택하도록 하는 것이다.

만약 국립대학이 무상으로 전환된다면 국립대학은 많은 학생을 선발하기보다는 적정 인원을 선발하여 질 높은 교육을 추구할 것이다. 정부는 교수 1인당 학생 수, 그리고 학생 1인당 교육비 투자율을 바탕으로 대학을 평가하는 시스템을 구축할 수 있다. 정원을 남발하는 대학에 대한 간접적인 규제는 얼마든지 가능하다.

많은 대학에 외국인 유학생이 존재하는데 이들은 정원에 포함되지 않는다. 또한 다양한 정원 외 입학생이 존재한다. 특히 유학생은 아무 제한 없이 선발할 수 있다. 이 역시 정원제도가 허구적인 규제임을 알 수 있다. 많은 대학들이 정부에서 인가받은 정원 외에 1~2천 명의 유학생을 유치하고 있다. 정원을 정한 이유가 대학의 교육 여건을 유지하기 위한 것이라면 모순되는 현상이다. 유학생 천 명 대신에 국내 학생 천 명을 더 뽑을 수도 있다는 것이기 때문이다.

부득이하게 대학별 총 정원에 대한 규제가 유지된다면 적어도 전공별, 학과별로 세분화되고 경직적인 정원제도는 개선할 필요가 있다.

학생 수와 그에 따르는 등록금 수입에만 의존하는 대학으로는 국제

경쟁력을 확보할 수 없다. 등록금제도 개선, 학사제도 개선, 정원제도 개선 등은 서로 맞물려 있는 대학 혁신 과제다.

국립대학 무상화

2017년 기준으로 국립대학 전체의 등록금 수입액은 1조 4천억 원 정도다. 국가장학금 등 공적인 지원액이 이미 8천3백억 원이다. 여기에 5천 7백억 원만 추가하면 국립대학 등록금을 받지 않아도 되는 것이다. 따라서 국가 사회적인 필요성만 인정되면 공적 재정 투자도 충분히 검토할 만하다.

고등교육은 개인의 문제가 아니라 국가 사회적인 인재를 길러내는 공적 교육으로 받아들여져야 한다. 고등교육의 혜택은 우리 사회 전체가 누리게 되는 것이다. 지난 산업화 동안에 우수한 대학 졸업자들이 선진 산업국을 따라잡는 핵심 인력으로 큰 기여를 했다. 성큼 다가온 AI 시대에도 고등교육 인력의 경쟁력에 우리의 미래가 달려 있다. 대학교육의 혜택은 우리 사회 전체가 받고 있는 것이다. 따라서 국립대학만이라도 이런 공공성 원칙을 적용할 필요가 있다.

고등교육의 계층적 접근성을 확대하기 위해서도 무상화는 필요하다. 중간 계층의 완전한 학비 부담 경감은 고등교육의 계층 격차를 완화하는 데 크게 기여할 것이다. 지방 국립대학의 국가장학금 수혜율은 50% 정도로 서울 소재 주요 대학의 두 배에 이르고 있다. 이는 지방 국립대학이 고등교육 기회 확대에 큰 기여를 하고 있음을 알 수 있다. 따라서 국립대학 무상화는 중간 계층 이하에 대한 사회복지정책이다.

국립대학이 등록금에서 자유로워지면 교육의 질적 차원에서 비약적인 발전이 있게 된다. 대학 재정이 학생 등록금 수입에 의존하지 않기 때문에 대학교육의 내용과 평가 그리고 졸업생의 질 관리에 획기적인 변화가 올 것이다.

엄격한 학사관리와 수월성 추구가 가능해질 것이다.

유럽의 대학은 들어가기는 쉬워도 졸업이 어렵다. 프랑스를 예로 들면 바칼로레아 합격자는 프랑스 전역의 85개 국립대학에 모두 입학할 수 있지만, 1학년 학생 중 40% 정도만 2학년에 진급을 하고 3년을 마치는 비율은 27% 정도에 불과하다. 대학 재정이 학생 등록금에 의존하지 않기 때문에 가능한 일이다.

무엇보다 국립대학은 서울대학교를 제외하면 모두 지방에 있다. 지방대학 육성과 지역 균형발전 차원에서 지방 국립대의 육성은 국가적 과제다. 국립대학의 무상화는 지역대학 성장의 가장 기초가 되는 우수 인재의 유치에 큰 도움이 될 것이다.

국가가 전액을 지원하는 국립대학으로서의 위상 강화는 지방 국립대에 대한 사회적 인식을 바꾸는 데 큰 전환점이 될 것이다. 수십 년 동안 '백약이 무효'인 지방대학 육성 정책의 획기적인 전환점이 될 것이다.

고등교육 교부금제도

현재의 대학 재정지원은 경쟁적 평가, 사업비 사용의 통제, 성과 도출을 기본전제로 하고 있다. '재정을 투자하면 뭔가 성과가 있어야 한다'는 논리구조를 전제로 한다. 또한 그 성과를 내기 위해서는 성과에 연관된 곳에만 사업비를 사용해야 한다. 또한 사업비의 적정 사용과 성과 달성을 평가하는 구조로 되어 있다.

대학 재정투자의 단기적 성과는 성과를 위한 성과일 뿐이다. 대부분의 양적인 성과는 대학의 본질적인 기능과 역량을 표상하지 못한다. 예컨대 취업의 질을 보지 못하는 취업률은 대학교육의 성과로 보기 어렵다. 또한 재정투자를 통한 단순 산출물의 증가도 진정한 성과로 보기 어렵다. 산학협력 투자를 통해 현장실습 실적이 늘었다면 이는 단순한 양적 성과에 불과하다.

지금까지 정권이 바뀔 때마다 대학 재정지원 사업의 목적과 성과가 새롭게 설정되었다. 이런 5년 단기 투자로 성과를 도출한다는 것은 어려운 일이다. 재정지원을 통한 대학의 성장과 혁신을 어떻게 정의할 것인지도 불분명하다. 국가 차원에서 대학 혁신에 대한 비전과 합의가 없기 때문이다.

대학도 장기적인 전략이 없기는 마찬가지다. 일단 정부라는 외부 환경이 어떻게 바뀔지 모르고, 내부 역학 관계상 안정적인 장기전략 수립과 추진이 어렵기 때문이다.

실제 재정의 사용은 어떠한가?

대학 현장에서 사업비 사용 방식을 보면 실질적으로 사업비를 통합하여 사용하고 정부가 요구하는 사업 계획서만 별도로 작성하고 있다.

예컨대, 현장실습을 지원하는 경우에 A, B 학과는 정부지원금으로, C, D 학과는 다른 정부지원금으로, E, F 학과는 교비로 지출하는 방식이다. 재원만 다르지 지출 항목은 다 같은 현장실습 예산이다. 특정 정부 지원금이 A, B 학과에만 지원되는 이유는 그 학과만 해당 사업에 선정되었기 때문이다. 그러나 현장실습은 해당 학과만 하는 것이 아니기 때문에 다른 학과도 현장실습을 할 수밖에 없고, 다른 재원을 동원하여 실시하게 된다. 정부에 제출하는 집행 및 성과보고서에는 A, B 학과 성과만, 다른 사업에는 C, D 학과의 성과만을 집계하여 제출하는 것이다. 그러나 대학의 현장실습은 A, B, C, D, E, F 모든 과에서 실시되었다는 것이다.

어느 대학이 국고 사업비로 20억 원 규모의 국제 전자저널을 구입하려는 계획이 컨설팅에서 지적을 받았다. 한 곳에 너무 많은 돈을 지출한다는 것이다. 전자저널은 고가이긴 하지만 연구 활동에 필수적인 인프라다. 결국 다른 재정지원 사업에서 조금, 대학 자체 예산을 조금씩 투자하여 20억 원을 사용하라는 것과 같다. 어차피 20억 원짜리 전자저널을 구입하는데 무슨 차이가 있는지 의문이다.

또한 실제 돈을 집행하는 개별 교수는 국고인지 교비인지 잘 알지도 못하고 전혀 중요하지도 않다. 각 사업이 지향하는 사업 목표에도 무관심하다. 어차피 교육 활동을 위해 써야 할 돈을 쓰는 것뿐이다. 그러다 보니 각기 다른 정부 재정지원 사업을 혼동하여 지출하는 경우도 발생한다.

목적이나 세부 사업을 나누지 않고 일반적인 재정지원으로 주게 되면 이런 문제는 발생하지 않는다. 대학 재정지원이 대학 전체의 예산에 자연스럽게 통합되어 사용되기 때문이다. 사업 계획서 작성, 사업 운영, 실적 보고에 필요한 별도의 조직과 추가로 고용되는 인력에 소요되는 비용과 행정력의 낭비도 크게 줄어들 것이다.

이렇듯 목적별 사업예산의 문제를 극복하고 대학의 효율적인 예산의 편성과 사용을 위해 검토되어야 하는 것이 '고등교육 교부금제도'다. 고등교육 교부금제도는 학생 수, 교원 수 등 일정 기준에 따라 재원을 배분하고 대학 자율로 사용하도록 하는 것이다. 현재 시·도 교육청에 학생 수, 학교 수 등등을 기준으로 지방교육재정교부금을 배분하는 것과 같은 취지다. 대학에 배분되는 교부금은 각 대학의 자체 수입(등록금 등)과 합해 자유롭게 편성하여 사용한다.

국립대학에는 전체 운영비를 지원한다. 국립대학에는 무상교육 또는 일정 수준의 재정을 총괄적으로 지원하여 교부금제도를 시범적으로 운영할 수 있을 것이다.

사립대학은 총 운영비의 몇 퍼센트 정도를 지원할 것인가에 대해서는 현재의 재정지원 수준, 국가재정 상황을 고려하여 정하면 될 것이다. 다만 교부금 지원 대상은 구조개혁 평가에서 일정 수준 이상인 대학에 한할 것이다.

고등교육 교부금제도는 대학의 자율적이고 장기적인 성장을 추구한다. 대학과 정부가 중장기적인 성과협약을 맺게 된다. 이 방식과 종전의 재정지원 방식과의 차이점은 재정 집행 내역을 정부가 간섭하지 않는다는 것이다. 현재는 사업계획서를 작성하고 그에 따른 평가를 받고 집행은 사업 계획서의 세부 내역에 따라 경직적으로 운영되지만, 교부금 방식은 지원 예산을 학교 예산에 통합 편성하는 것이고 사용처도 정부가 간섭하지 않는다.

단기적인 재정지원 성과를 강요하지 않는 것이 큰 변화다. 각 대학은 장기적인 대학 혁신 협약을 교육부 장관과 맺고 이를 자율적으로 실현해 나가는 것이다. 정부는 대학의 본질적인 기능을 고려한 핵심 성과만을 요구해야 한다. 특히, 대학의 핵심 역량은 교수의 연구력에서 나온다. 교수의 연구 역량이 가장 중요한 성과협약이 되어야 할 것이다.

고등교육 교부금제도에 따른 자율적 재원 배분은 대학회계의 투명성을 전제로 한다. 투명성은 대학 전체 예산을 정기적으로 들여다볼 수 있는 전문적인 감독 기구를 통해 구현할 수 있다. 고등교육 교부금제도가 대학의 투명성을 획기적으로 높일 수 있는 계기가 될 수 있다.

사학감독원

사립대학에 대한 재정지원의 확대는 필연적으로 재정의 투명성을 요구한다. 재정의 투명성은 회계 운영 시스템의 정비와 함께 전문적인 외부 통제가 있어야 한다.

국립대학의 경우는 통일적이고 전산화된 국립대학자원관리시스템 (KORUS)을 통해 재정지출을 관리하고 있다. 사립대학도 이런 통일적인 회계 관리 시스템의 도입을 논의할 수 있다. 대학마다 각자 특성이 있으므로 일괄 적용하기는 어려운 부분이긴 하지만, 공적 재원에 대한 투명성을 강화하기 위해서는 중장기적으로 검토가 필요하다.

통일적인 회계 관리 시스템의 도입 여부와 관계없이 외적 통제 기능은 강화되어야 한다. 은행에 대한 관리 감독 기관으로 금융감독원을 두고 있듯이 사립대학 회계운영에 대한 감독 기관으로 (가칭)사학감독원을 설치할 필요가 있다. 이 기관에서 350여 개(전문대학 포함)에 달하는 우리나라 전체 사립대학의 재정운영 실태를 지속적으로 모니터링하고 불법적 지출을 방지하는 것이다. 대학 재산의 관리·처분, 채무 관리, 일정 금액 이상의 지출에 대한 상시적인 감독권을 행사하는 것이다. 재정 회계의 투명성을 감독하는 것은 대학의 자율성을 침해하는 것이 아니다. 집행의 내용을 감독하는 것이 아니라 집행의 적정성을 감독하는 것이기 때문이다.

사립대학에 대한 재정 투명성과 신뢰 없이는 정부 재정의 지속적인 확대는 어려운 일이다. 이를 위한 외적 통제 기능의 강화는 절실하게 필요하다. 특히 대학의 자율권을 극대화하는 고등교육 교부금제도의 도입은 회계 운영에 대한 철저한 관리감독을 통한 투명성 확보를 전제로 한다.

AI 등과 같이 특정 분야의 인재 육성은 국가적인 과제다. 이 경우 별도의 대학을 신설하거나, 재정지원 사업을 통해 특정 분야의 인력 양성을 유도한다. 그러나 별도 대학의 설립은 많은 재정이 소요되어 여러 분야의 인력 양성에 적용할 수 없고, 기존 대학의 특정 분야에 대한 재정지원도 많은 한계점이 있다.

'국가 위탁학과'는 정부가 국립대학을 지정하여 특정 분야의 인력양성을 위한 학과를 신설하고 정부가 직접 관리를 하는 학과로 운영하는 것이다. 시설, 기자재, 교수 요원 등을 정부가 직접 지원하고 운영한다. 일정 기간(10년 정도) 운영 후 해당 대학에 돌려주는 형식이다.

이런 위탁학과 방식이 필요한 이유는 단순히 재정지원만 하게 되면 대상 대학의 여건, 풍토 또는 문화를 벗어나기 어렵기 때문이다. 해당 분야의 혁신성을 기존 대학의 토양에서는 담보하기가 어렵다는 것이다.

전국적으로 또는 해외 석학을 초빙하여 해당 분야 최고의 전문가들을 모아 중앙운영위원회를 구성하고 교수 채용, 교육과정 설정, 실험실 구축 등에 대한 의사 결정을 하는 것이다. 특히 교수진을 해당 대학이 아닌 중앙 단위 위원회에서 선발하도록 해야 한다. 대학 내 교수 채용 과정의 여러 문제점을 피하기 위한 가장 핵심적인 장치다.

대신에 위탁학과 운영에 필요한 비용은 정부가 전적으로 지원해야 한다. 건물, 실습실, 기자재, 연구비, 프로그램 운영비 등을 모두 지원한다. 대학의 기본적인 인프라를 활용하되 재정과 소프트웨어는 정부가 직접 지원하고 운영하는 것이다.

국가 위탁학과의 가장 큰 목적은 일부분이나마 혁신의 비전을 해당 대학에 심어주는 것이고, 국가적으로는 새로운 사회에 필요한 우수한 인재를 얻게 하는 것이다. 비용 절감과 혁신성을 도모하는 두 마리 토끼를 잡을 수 있는 좋은 방안이 될 것이다.

기초교육자치

교육자치란 지역 주민의 대표가 교육에 관한 의사결정에 참여하는 민주적인 교육행정 시스템이다. 기초교육자치란 기초 시·군 단위의 주민들이 지역 학교 운영에 참여하는 것이다. 정부 수립 후 최초의 교육자치제는 시·군 단위의 교육자치를 기반으로 했다. 기초 자치단체 단위로 교육위원회를 구성하여 관내 학교를 운영하는 교육자치권을 부여했다. 이러한 기초 단위 교육자치제는 5.16 이후 폐지되었다.

현재의 시·도 단위의 광역단위 교육자치제는 거대한 관료제의 틀 속에서 획일적인 교육행정이 이루어지기 쉽다. 그나마 교육위원회제도마저 폐지되어 교육감이 독점적 집행권을 행사하고 있다. 교육감을 중심으로 하는 광역 단위의 교육행정은 농산어촌 등 세분화된 지역 특성에 맞는 지원 기능이 약화될 우려가 있다.

농산어촌 지역의 학교는 지역사회와의 긴밀한 지원과 연계 속에서 교육 활동이 이루어져야 한다. 기초자치단체는 지역 발전전략의 관점에서 학교의 유지와 육성의 고민을 함께하고 필요한 지원을 아끼지 말아야 한다.

또한 일부 기초자치단체장은 지역 학교를 위해 많은 투자를 하고 있다(〈동아일보〉, 2020.6.25. / 강원도 화천군 사례). 몇몇 자치단체장의 적극적인 교육지원은 제도적이라기보다는 자치단체장의 정치적 의지에 의존하는 한

주민자치 교육위원회 회의 진행 모습

계가 있다. 따라서 농산어촌 지역의 교육에 기초자치단체와의 거버넌스(governance) 공유를 통한 연계 협력적 장치가 필요하다. 기초 단위 교육위원회 구성에 기초자치 단체장과 기초의회 의장 등을 당연직으로 하고 나머지는 주민이 선출하는 것이다.

시·군 단위의 교육위원회는 농산어촌 지역의 소규모 학교 문제, 교육여건 개선 문제 등을 주도적으로 논의할 것이다. 농산어촌 소규모 학교의 육성, 폐지 등의 결정을 지역 주민의 손에 맡기는 것이다.

농산어촌 교육 문제의 하나는 우수 교사 유치다. 시·군 교육위원회는 농산어촌 교육에 헌신할 교사를 직접 초빙할 수 있어야 한다. 현재는 교육감이 일방적으로 배정한다. 우수 교사를 유치하기 위해서는 특별한 유인책이 필요하고 그중 하나가 지역 교육위원회의 결정에 따라 추가적인 급여적 보상을 하는 것이다. 우리나라에 교육자치제를 최초로 도입한 미 군정청 「법령 제216호」는 군 단위까지 교육위원회를 설치하고 국가가 제정한 교사 급여보다 증가한 금액을 지급할 수 있도록 하고 있다.

기초 단위 교육위원회 설치는 주민 친화적, 지역 친화적 학교 운영과 지원의 강점이 있다. 지역 농산물을 활용한 친환경 급식도 훨씬 더 용이 하게 추진될 것이다. 지역의 사회 복지 시설과 학교와의 연계 운영도 강 화될 것이다. 예컨대, 지역 학교에 주민을 위한 행정 서비스를 순회하여 운영하는 것 등이다.

적어도 초·중학교의 운영은 이제 지역 주민의 손에 맡겨야 한다. 관 료적 획일성과 대도시 위주의 교육정책을 벗어나 농산어촌 지역의 특성 에 맞는 교육 서비스를 위한 기초 단위의 교육자치 도입이 필요하다.

대안학교형 농산어촌 학교

학령인구 감소로 인한 농산어촌 지역의 소규모 학교는 앞으로 해결 해야 할 정책 과제 중 하나다. 농산어촌 지역의 학생은 결손 가정, 다문화 가정 등 특별한 교육적 돌봄이 필요한 경우가 많다. 이런 학생들에 대한 교육적 지원은 사회적 소외 계층 예방을 위한 중요한 사회복지 정책의 하나이기도 하다.

이런 교육적 특수성을 감안하면 농산어촌 지역의 일부 학교는 대안학 교로 운영할 필요가 있다. 교육과정 운영을 자율화하고 지역사회와 학교 에 맡기는 것이다. 다문화 교육과 복지 프로그램에 전문성 있는 교사를 집중 배치해야 할 것이다. 또한, 학습결손을 방지하기 위한 프로그램, 문화적 격차를 보정할 방과 후 학교 프로그램이 지원되어야 한다.

학교 시설도 기존의 획일적인 콘크리트 건물 대신, 목재 건축이 필요하다. 전원주택과 같은 목재 건축을 통해 기존의 획일적인 학교 환경을 벗어나 개인 맞춤형 교육이 가능한 학생 친화적 공간 조성으로 변화되어야 한다. 학습, 복지, 보호, 문화 공간으로서의 역할을 할 수 있는 대안형 공간을 조성하는 것이다. 최근 교육부에서 적극 추진하고 있는 학교 공간 혁신 프로젝트는 농산어촌 학교에 너무도 좋은 기회다.

대안학교형 농산어촌 학교는 기초 단위 교육자치제와 함께 논의될 때 더욱 효과적일 것이다. 학교 운영에 관한 권한을 기초 단위의 교육위원회에 부여하고 농산어촌 지역 학교의 육성을 지역 주민이 참여하는 교육위원회 주도로 추진하는 것이다.

농산어촌 지역에서 교육 활동을 할 수 있는 전문적인 교사 양성도 필요하다. 또한 교육복지, 다문화교육, 학습 코칭에 전문성을 갖출 수 있는 연수 프로그램이 확대되어야 한다. 이런 교사들에 대한 특별한 경제적 인센티브도 필요할 것이다.

전문교사제

경제·사회적 양극화의 심화는 교육 격차를 낳고 학교 교육 무용론이 대두되기도 한다. 중상류층 가정의 학생들에게 학교는 출석 의무나 내신을 위한 통과의례에 불과할 수 있다.

그러나 경제적, 문화적 결핍 상태의 학생들에게는 학교가 마지막 희망이 된다. 학교가 이들에게 희망을 주는 곳이 되려면 현재의 학습 위주 기능을 크게 전환해야 한다. 새로운 학교는 학습 코칭, 복지, 상담, 다문화

교육 등으로 그 역할을 넓혀가야 한다.

학교의 새로운 역할은 새로운 교사를 필요로 한다. 기존의 교사는 교과학습 전문가들이다. 그러나 새로운 학교는 앞서 말한 바와 같이 학습 코칭, 복지, 상담, 다문화 교육 등의 다양한 전문가를 필요로 한다. 이런 교사는 전문적인 교육을 통해 양성되어야 한다.

최근 학령인구 감소로 인한 교사 수의 축소가 논의되고 있다. 그러나 새로운 전문적인 교육 서비스를 생각한다면 적정 교사 수에 대한 심도 있는 논의가 필요하다. 교과교사를 전문교사로 전환하여 새로운 교육 수요에 대응해야 할 것이다.

기존 교사를 전환하여 진로진학 상담교사로 활동하도록 한 것이 좋은 사례다. 교육복지, 상담, 다문화, 학습결손의 코칭 등을 위한 전문교사 트랙을 신설하여 이를 전담하게 하거나 겸임하도록 하면 기존교사 자원의 효율적인 활용이 가능하고 전문적인 교육 서비스 제공이 가능할 것이다.

세대간 멘토링

경제·사회적 또는 가정 환경적인 어려움에 처한 위기 학생들을 위한 전 사회적인 프로그램이 필요하다. 학교에서 교육복지 프로그램이 지원되고 있지만 결손 가정 학생의 경우에는 정서적인 유대와 코칭을 해줄 수 있는 건강한 멘토가 필요하다. 비단 결손 가정뿐 아니라 일반 학생들도 부모나 교사 이외에 멘토가 필요할 수 있다. 이런 멘토링을 위해 전 사회적인 세대 간 멘토링 시스템을 구축하는 것이다.

가령, 각 연령별로 멘토링을 희망하는 학생에 대해 해당 연령대의 36살이 많은 같은 띠(12간지)의 연령대가 멘토를 담당하는 것을 설계할 수 있을 것이다. 소띠는 소띠가, 양띠는 양띠가 멘토가 되는 것이다. 예를 들면, 7세에서 18세까지의 세대를 42세부터 54세까지의 각 세대가 멘토로 담당하는 것이다. 7세는 42세가, 8세는 43세가 담당하는 식이다.

멘토 희망자는 일정한 직업, 소득, 건강 등 건강한 사회생활을 하는 사람들이 가능하도록 해야 한다. 발달된 전산 프로그램이나 앱을 활용하면 어렵지 않게 운영할 수 있을 것이다. 멘토링 활동 자체도 온라인상에서 이루어질 수 있다. 지역 사회에서는 대면 멘토링도 가능할 것이다. 멘토 활동에 비용이 소요된다면 일정액까지는 소득공제도 생각해볼 수 있다.

탈학교 사회를 넘어

이반 일리치(Ivan Illich) 등과 같은 탈학교론자는 진보적인 담론으로 학교 교육의 무용론을 주장했다. 학교에서 배우는 것이 불평등한 사회제도를 유지·확장하는 도구로 활용될 뿐만 아니라, 교육의 결과가 중상류층에게 유리하고 계층 변동에 아무런 역할을 하지 못한다는 것이다.

이와는 다른 관점에서, 빌 게이츠(Bill Gates) 등과 같은 IT 선구자들은 테크놀로지의 발전에 따라 학교의 기능이 쇠퇴할 거라고 예고하고 있다. 최근 온라인 교육의 급격한 확대는 이런 징조로 볼 수도 있다. AI를 활용한 잘 짜인 학습 프로그램이 학생들의 학습 활동에는 더욱 유용할 것이다.

그러나 아직까지 학교는 미래 세대를 위한 중요한 사회적 기능을 수행하고 있다. 앞으로도 학교는 학생들을 사회적으로 보호하고 육성하는 기관으로서 그 중요성을 더해갈 것이다.

사회적 소외 계층 학생들에게는 학교를 대체할 만한 사회적 제도가 없다. 공부를 하고, 급식을 먹고, 친구를 만나고, 뛰어놀 수 있는 학교가 이들 학생들에게는 더 절실하게 필요하다. 물론 이런 것들은 소외 계층 학생뿐 아니라 모든 학생들에게도 중요하다.

학교는 이제 '제2의 가정' 또는 '사회적 가정'이 되어야 한다. 미래 세대의 지적 성장뿐 아니라 사회적 복지를 책임지는 기관으로 거듭나야 한다. 복지, 다문화, 학습 코칭을 담당하는 다양한 전문교사들이 배치되어 소외 학생들을 돌보아야 한다. 도시 지역은 도시 지역의 특성에 맞게, 농촌 지역은 농촌지역의 특성에 맞는 학교의 기능적 재구조화가 필요하다. 이를 위해서는 각 지역마다 교육위원회가 설치되어야 한다.

이제 '학교는 죽었다'가 '학교는 희망이다'로 바뀌어야만 한다.

PART IV

공정한 교육은 가능한가

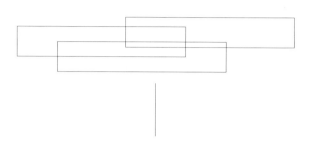

사회적으로 공정한 교육

미래를 향한 교육의 사회 계약

민주공화국의 교육적 이상은 부자건 가난하건, 권력이 있건 없건 그 자녀들은 모두가 '함께 배워야 한다'는 것이다. 모두가 함께 배우고 그 결과와 각자의 적성에 따라 사회에서 무슨 일을 하게 될지가 정해질 것이다. 배움의 결과는 가정환경의 영향 없이 개인의 역량과 노력에 따라 결정되는 것이 가장 공정한 것이다.

2,300여 년 전, 플라톤은《국가》에서 폴리스에 거주하는 모든 가정의 아이를 부모로부터 분리하여 일정한 장소에 모아 놓고 교육을 시키고, 단계별로 선발하여 사회적 역할을 부여하는 시스템을 제안했다. 이것은 관념적 사유에 불과하지만 공정한 교육의 이상적인 모델을 제시해준 것이

다. 한마디로, 가정환경의 영향력을 완전히 제거해야만 공정한 교육이라는 것을 보여준 것이다.

플라톤의 제안은 인류 역사상 실현된 적도 없고, 지향해야 할 시스템도 아니다. 그러나 저소득층과 고소득층의 사교육비 격차가 5배가 되는 대한민국 교육의 현실을 바라볼 때, 이것은 많은 시사점을 주고 있다.

사회경제적 격차에 따른 학업성취의 격차로 인해 직업과 소득의 격차가 발생하고 다시 대를 이어 학력 격차를 발생시키는 악순환이 형성되고 있다. 상류층 자녀들이 전문직과 엘리트 지위를 독점하고 사실상 세습이 된다면, 서민 대중에게는 희망 없는 사회가 될 것이다. 사회적 계층이 고정되는 폐쇄적인 사회가 될 것이다. 그런데도 엄중한 사회문제로 부각되지 않는 이유는 무엇일까, 하는 고민을 하지 않을 수 없다.

우리 사회는 학습 경쟁을 선한 경쟁으로 받아들이고 있다. 누구나 열심히 공부하면 '개천의 용'이 될 수 있다는 그런 희망이 있는 교육 시스템을 갖고 있다고 본다. 의사나 법조인이 된 것은 그저 '열심히 공부를 한 결과'라고 본다. 오롯이 '공정한 경쟁에서 승리한 결과'라고 보는 것이다. 열심히 공부해서 우리 사회의 엘리트로 진출하는 것은 개인적인 영광이자 가문의 영광이기도 하다. 동시에 이런 학습 열기가 우리 공교육의 힘이기도 하다.

그러나 이런 선한 경쟁이 유지되려면 그 경쟁 자체가 공정해야 할 것이다. 그래서 모두가 수긍할 수 있는 절차적 공정성을 확보하는 선발 방식을 갖추기 위해 정부의 강한 공적 개입이 정당화되었다. 객관성 보장이 가장 중요한 정책 과제인 것이다. 지금까지 교육 공정성에 대한 논의는 이러한 절차적 정당성을 확보하려는 데 집중하고 있다. 그러나 이는 개인적인 차원, 즉 사적인 차원에서의 공정성이다. 각 개개인의 입장에서 불리하거나 유리하지 않는 공정한 시스템을 말하는 것이다.

공적 공정성, 사회적 공정성은 여기서 한 걸음 더 나아가야 할 것이다. 바로 상류층에 유리한 경쟁 시스템에 대해서 의문을 제기하는 것이다. 개개인의 입장에서 객관적이고 공정한 경쟁을 했는데, 그 결과가 상류층에게 유리하다면 공정성에 대해 의문을 가질 수밖에 없다. 이것은 단순히 사회계층 격차라는 추상적인 논의가 아니라 사교육비 투자의 격차라는 가시적인 현상이 있기 때문에 더욱 그러하다. 만약 모든 학생들이 플라톤이 제안한 것과 같이 사교육 없는 완전한 경쟁을 한다면 그 결과는 달라질 것이다. 그렇다면 현재 우리의 경쟁 시스템은 사회적으로 공정하다고 볼 수 없다. 각 개개인의 입장에서는 공정하다고 할 수 있겠으나 그 경쟁의 사회적 결과는 불공정한 것이다.

가용 자원을 최대한 투자하여 사교육을 동원한 학력 경쟁을 하는 개개인을 비난할 수는 없다. 시장민주주의 국가에서 최선을 다해 개인의 이익을 추구하는 것이고 이는 우리 헌법이 보장하는 사적 자유의 영역이다. 그러나 공교육의 결과가 사회적 계층에 의해서 결정된다면 이는 각자의 능력에 따라 사회적 자아를 실현한다는 민주공화국의 이상에 부합하지 않는다.

이러한 충돌을 조정하고 완화시키는 것이 향후 교육에 대한 국가의 핵심적인 역할이 될 것이다. 그 첫걸음은 사회 계층과 사교육비의 영향력이 최소화될 수 있을 만큼 공교육 수준을 향상시키는 것이다. 교사 한 명에 학생 한 명을 담당시킨다면 사교육을 능가하는 가장 완벽한 공교육이 될 것이다. 그러나 현실에서는 그렇게까지 완벽하지는 않더라도 사회경제적 배경이나 사교육의 영향을 완충할 만큼의 충분한 공교육 투자가 있어야 할 것이다.

이런 공교육 강화론에 대해 상류층이나 우리 사회의 오피니언 리더들은 회의적인 경우가 많다. 자신들은 어차피 사교육에 많은 투자를 할 텐데 공교육에 드는 돈(즉, 세금)까지 부담하기 싫은 부분도 있고, 사교육의 영향력이 줄어들게 되면 교육에 있어 그들의 경제적 우위가 사라지기 때문이다. 공교육의 수준이 향상되면 가장 큰 혜택을 보는 계층은 서민 대중의 자녀일 것이다. 그리고 공교육에 의존할 수밖에 없는 소외계층의 자녀일 것이다. 이런 이유로, 상위 계층은 자신의 우월적인 사회경제적 지위를 충분히 활용할 수 있는 사적인 경쟁 시스템과 대학입시제도를 선호하는 것이다.

투자를 통한 공교육의 수준 향상과 함께 학습 내용과 방법, 그리고 평가가 변해야 할 것이다. 자신의 생각을 말하지 못하고 생각할 필요도 없는 학습과 반복 훈련에 의한 결과를 평가하는 교육 시스템에 대한 문제 제기는 어제오늘의 일이 아니다. 특히 AI 시대, 4차 산업혁명 시대를 운운하면서 객관식 평가를 지고지선(至高至善)으로 보는 것은 모순이 아닐 수 없다. 그런 면에서 현재 추진 중인 고교학점제는 우리 공교육의 대변혁이 될 것이다. 물론 흉내만 내는 것이 아닌, 진정으로 그 본질적 가치를 실현하려는 노력이 있을 때 가능할 것이다.

마지막으로 고민해야 할 것이 사회적 보정장치다. 이미 발생한 지역 간, 계층 간 교육격차를 보정할 수 있는 사회적 선발 시스템을 고민해야 한다. 훈련에 의한 객관식 성적의 총합계보다는 개개인이 갖고 있는 실재 역량을 평가할 수 있는 제도에 대한 지속적인 고민이 필요하다. 사회 계층과 관계없이 진짜 인재를 발굴하는 것이다. 잠재적인 역량이 있는 인재는 전 계층에 골고루 분포되어 있을 것이다.

사회적 선발은 여기에서 한 걸음 더 나아가야 한다. 학력 경쟁이라는 개개인의 사적 이익 추구를 인정은 하되 사회적 가치 실현을 위해 사회적인 개입을 하는 것이다. 그러기 위해서는 서울대학을 비롯한 몇몇 엘리트 대학의 학생 선발에 대한 '사회계약'이 필요할 것이다. 대학입시제도는 우리 사회의 근간을 이루는 핵심 제도이기 때문이다. 사회 전체를 위한 사회계약이 필요하듯 대학입시를 위한 미래형 사회계약이 있어야 한다는 뜻이다. 그것은 개인 간 학력 경쟁을 인정하면서도 그 경쟁이 사회적으로 가치 있는 지성의 축적이 되어야 하고, 개개인의 사적 자본의 영향력을 최소화하며 공교육을 통한 성취와 결과가 선발의 기준이 되어야 하고, 적극적으로 사회적 형평성을 보정하는 공적 개입을 허용하는 것을 지향하는 사회적 계약이 되어야 할 것이다.

공정한 교육이 중요한 것은 현대 사회에서 교육이 엘리트를 선발하는 중요한 사회적 제도이기 때문이다. 이제 신분은 세습되지 않는다. 사회적 지위를 유지하는 관건은 신분이 아니라 학벌이다. 학벌경쟁은 신분세습 경쟁이다. 사회경제적으로 우위에 있는 계층에 유리한 선발제도가 계속 유지된다면 개개인에게는 공정할지 몰라도 사회적으로는 심각하게 불공정한 경쟁이다. 사회적으로 공정한 경쟁을 위한 교육 시스템을 발전시켜 나가는 것은 우리 사회의 미래를 좌우하는 가장 중요한 과제다. 대한민국이라는 민주공화국의 이상은 공정한 교육을 통해 완성할 수 있다.

에필로그

2019년 외교부 산하 국립외교원 연수 중에 멕시코, 페루, 아르헨티나를 방문할 기회가 있었습니다. 국가의 성장과 유지 발전에 공교육이 얼마나 중요한지 체감할 수 있는 기회였습니다. 이들 나라의 성장 정체에는 부실한 공교육과 극심한 교육 양극화가 자리하고 있었습니다. 이를 통해 국가의 성장과 유지·발전 그리고 사회적 형평성을 위한 공교육 육성이 핵심적인 국가전략과 목표가 되어야 한다는 생각을 갖게 되었습니다.

토마 피케티는 20세기 산업사회의 패권을 쥐게 된 미국의 성공 요인 중 하나로, 유럽보다 훨씬 앞서 실현된 초중등 교육의 보편화를 들고 있습니다. 국가 사회의 번영과 발전에 미래 세대를 위한 교육이 가장 중요하다는 것은 여러 나라의 성공과 실패 사례를 통해 잘 알 수 있습니다.

우리의 교육 열기는 세계 최고 수준입니다. 그럼에도 국가 경제력 수준에 버금가는 세계 10위권의 대학을 갖고 있지도 못하고, 학문 분야의 노벨상 수상자도 배출하지 못하고 있습니다. 이런 문제를 고민하다가 그 원인으로 우리의 교육 경쟁이 개인적 욕구실현을 위한 경쟁에 불과하고, 국가 사회적으로 의미 있는 지적 역량을 축적하는 데 실패했기 때문이라는 문제의식을 갖게 되었습니다.

'개인 간의 경쟁을 어떻게 하면 유의미한 사회적 경쟁으로 전환시켜 우리 사회의 번영·발전에 기여하게 할 것인가'가 향후 교육정책의 핵심 전략이 되어야 한다고 봅니다.

완전경쟁시장에서는 '보이지 않는 손'이 작동하여 시장의 균형을 잡아주지만, 교육은 공적 재화의 성격이 강하여 보이지 않는 손의 자동적 균형을 얻기가 매우 어렵습니다. 그래서 국가의 공적 개입이 어느 분야보다 더 많이 필요합니다. 국가의 역할은 공정한 게임의 룰을 정하여 사회적으로 유의미한 결과를 얻을 수 있는 규제 장치를 발전시키는 것이고, 한편으로는 교육격차를 완화하기 위해서 직접적인 개입을 통해 적극적인 형평을 도모하는 것입니다. 경쟁을 통한 효율성을 촉진하기 위해서는 간접적인 개입을 하고 형평을 위해서는 직접적인 개입을 하는 것입니다. 예를 들면, 대학에 대한 재정지원은 확대하되 그 쓰임새에 대해서는 간섭하지 않고 저소득층이 많은 대학에는 재정지원을 더 해주는 것입니다.

우리 국민의 학습에 대한 열기를 적절하게 관리하는 것이 21세기 AI 시대의 가장 핵심적인 대비책일 것입니다. 그런 의미에서 대학입시제도를 어떻게 설계하느냐는 향후 국가의 운명을 가를 정도로 중요한 정책적 결단이 될 것입니다. 이 책을 통해 입시 경쟁을 바람직한 지적 경쟁으로 유도하고 대학의 자율은 보장하되, 사회적 형평을 위해 일정 부분은 국가의 직접적인 개입이 필요하다는 기본적인 방향을 제시해보았습니다.

좋은 교육을 받은 미래 세대의 경쟁력이 곧 미래 대한민국의 경쟁력입니다. 좋은 교육을 통해 미래 세대들이 행복한 삶을 살 때만이 기성세대의 노후도 보장될 수 있는 것입니다. 국민연금이나 공무원 연금 등에 의존하는 노후이건, 자신의 자산에 의존하는 노후이건 우리 사회의 발전이 정체되고 경제가 주저앉는다면 지금 세대의 노후는 암담할 것입니다.

이것이 우리가 미래 세대를 잘 길러내야 하는 현실적인 이유이고 동시에 지속적으로 국가의 교육정책에 관심을 가져야 하는 이유이기도 합니다.

교육에 대한 투자는 국가가 국민에게 제공할 수 있는 가장 확실한 미래입니다.

아일랜드 전환학년제

아일랜드의 전환학년제는 우리 진로교육의 벤치마킹 대상이었으며 자유학기제 도입에도 영향을 끼쳤다. 언론은 전환학년제를 자유학년제 또는 자유학기제의 모델로 보았다(〈동아일보〉, 2012.12.26.). 아주 먼 유럽 섬나라의 교육이 우리나라의 교육정책의 모델이 된 것은 미국식 교육에 많은 영향을 받고 있는 우리에게 큰 의미가 있다.

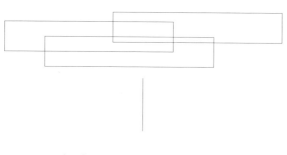

아일랜드 전환학년제

도입 취지

아일랜드 전환학년제도는 1974년 첫발을 내딛었으나 1990년대에 들어와서야 크게 확대되었다. 현재는 아일랜드 전체 고등학교의 약 80%가 참여하고 있다. 사립고등학교는 전환학년제 도입 여부를 선택할 수 있다.

전환학년제는 3년의 중학 과정(Junior Certificate)을 마친 후 1년 동안 적용된다. 전환학년을 마치면 2년의 고등 과정(Leaving Certificate)으로 들어가게 된다. 따라서 단순 학제 비교로 전환학년은 우리의 고1 단계에 해당한다. 전환학년제 이후 2년의 고등학교 과정은 대학 준비과정이다. 고1 단계에 운영하는 전환학년은 본격적인 대입 준비에 앞서 자신의 진로 적성을 충분히 고민해보고 다양한 가능성을 탐색해보라는 취지다.

아일랜드 교육부는 전환학년제의 핵심 미션을 '학생의 개인적, 사회적, 교육적, 직업적 발달을 돕고 자주적이고, 참여적이며, 책임감 있는 사회 구성원으로서의 준비를 할 수 있도록 하는 것'이라고 규정하고 있다. 아울러 전환학년제의 기본 철학과 목적을 아래의 세 가지로 제시하고 있다.

첫째, 사회적 능력 배양과 사회적 인식을 포함하는 개인적인 발전에 강조를 둔 성숙을 위한 교육.

둘째, 통합적이고 자기주도적인 학습에 중점을 둔 일반적이고, 기술적이고, 학문적인 능력 배양.

셋째, 성숙과 개인적 발전의 기초로서 성인과 직업 세계의 경험을 통한 교육.

평가 부담이 없는 전환학년

전환학년 프로그램의 구체적인 편성·운영은 단위 학교에 맡기고 있으며 교육부는 기본적인 가이드라인만 제시하고 있다. 따라서 어느 과목을 어떻게 편성하고 어떻게 가르치는가 하는 것은 단위 학교와 교사에게 자율적으로 맡겨져 있다.

핵심 사항 중 하나는 시험의 부담을 없애는 것이다. 시험 부담이 없으니 교육내용이 지식 위주가 아니라 체험 위주의 교육과정을 운영하는 것이 강조되고 있다. 그러나 이런 이유 때문에 학업 성취를 더 중시하는 학생들은 전환학년을 선택하지 않고 2년의 고등과정으로 직행하기도 한다.

그렇다고 전환학년 동안 평가가 없는 것은 아니다. 우리 식으로 하면 수행평가 방식으로 학기 말에 평가를 하게 되고 간단한 코멘트와 함께 A,

B, C, D 방식의 평점도 하게 된다. 그러나 대학입시에서 반영되지 않기 때문에 진학 경쟁이라는 차원에서는 큰 의미가 없다.

운영 실제

아일랜드 정부가 추구하는 교육적 이상이 현장에 잘 정착하고 있는지를 알아보기 위해 아일랜드의 수도, 더블린(Dublin)에 있는 한 사립학교를 견학하고 실제 운영을 분석해보았다.[13]

전체 교육과정은 학문영역(Academic Areas), 체육활동, 실기과목(Practical Skills), 외부특강, 개인학습지도(Tutorials), 6개 영역으로 구분된 선택과목, 현장실습, 프로젝트, 포트폴리오 평가, 체험 여행 등으로 구성되어 있다.

학문 영역에서는 아일랜드어, 영어, 수학, 유럽어가 필수과목으로 지정되어 있다. 이 학교의 교육과정 안내서에는 이런 학문 영역이 전환학년의 핵심과정으로 유지되며 수업과 숙제 등이 정상적으로 진행된다고 강조하고 있다. 매주 금요일 오후는 다양한 야외 활동이나 체육활동 시간으로 정해져 있다.

실기과목(Practical Skills)으로는 컴퓨터(16주), 연구방법(8주), 요리(8주), 진로지도(8주), Development Studies(8주), 운전지도(8주), 응급조치(8주)가 있다.

외부 특강은 매주 화요일 외부 강사를 초청하여 진행하며 진로, 사회적 이슈, 예술과 여가 등을 다루게 된다.

13　St. Andrew's College. 아일랜드 수도인 더블린에 위치한 전통 있는 사립학교로 칼리지(College)라는 명칭을 사용한다. 다른 학교의 경우도 선택과목 개설에서 조금 차이를 보일 뿐 운영의 큰 틀은 유사하다.

개인학습지도(Tutorial) 시간은 일주일에 한 번씩 지도교사를 만나는 시간으로 학습상담, 프로젝트에 관한 지도를 받게 된다.

선택과목은 Group A(과학, 역사, 지리, 상업), Group B(운동 코치, 요리, 춤, 써킷 트레이닝, 유도, 미술, 조각, 요가), Group C(의상, 사회, Auto CAD, 체스, 고전, 작문, 영화, 합창), Group D(건축디자인, 방송, 음악, 회화, 제과, 뜨개질, 이탈리아어, 종교학), Group E(웹디자인, 경영, 심리·철학, 의류디자인), Group F(가정가사, 초급 불어, 초급 독일어, 초급 스페인어, 라틴, 토론·정치) 등으로 구성되어 있다. 각 그룹에서 최소 1과목 이상 선택하도록 되어 있다. 선택과목은 졸업 자격시험 과목에 해당하지 않는 것이 많다. 내신제도가 없으니 부담이 전혀 없는 과목을 이수할 수 있게 되며 이 점이 전환학년기의 교육과정 구성의 큰 특징의 하나라고 볼 수 있다.

현장실습은 총 4주로 2주씩 나누어서 두 차례 실시하게 되며 각기 다른 직업을 선정할 것을 권장하고 있다.

전환학년 동안 학생들은 3가지의 프로젝트를 수행해야 한다. 첫 번째 주제는 '나 이야기', 두 번째 주제는 '직업 이야기'이며 세 번째는 자유주제다.

전환학년 동안 두 번의 포트폴리오 평가를 받게 된다. 학생들은 자신의 여러 작업들을 모은 포트폴리오를 제출한다. 체험여행은 2회의 캠핑여행과 1회의 수학여행이 있다.

구체적으로 수업 시간표를 분석해보면, 주당 총 42시간을 운영하며 그중 필수과목(국영수 및 유럽언어)이 16시간, 선택 과목 영역이 13시간, 프랙티컬 스킬(Practical Skills)이 4시간, 건강 보건 2시간, 체육활동 3시간, 외부 특강 2시간, 학습지도 1시간이다.

	월	화	수	목	금
1	수학	선택 E	아일랜드어	수학	유럽 언어
2	영어	선택 E	수학	수학	학습지도
3	선택 A	선택 E	선택 C	아일랜드어	아일랜드어
휴식					
4	선택 A	선택 F	선택 C	유럽언어	영어
5	유럽 언어	영어	선택 D	보건	Practical Skills
6	아일랜드어	아일랜드어	선택 D	보건	Practical Skills
점심					
7	선택 B	수학		영어	야외 체육활동
8	선택 B	외부특강		Practical Skills	야외 체육활동
9	선택 B	외부특강		Practical Skills	야외 체육활동

　　전환학년 교육과정의 특징을 분석해보면 우리의 국영수에 해당하는 과목이 핵심 과목으로 필수로 운영되고 있는 것을 볼 수 있다. 주당 시수를 분석하면 아일랜드어(국어) 4시간, 영어 4시간, 수학 4시간, 유럽언어 4시간을 운영하고 있다. 국영수 등 필수 과목의 비중이 적지 않음을 알 수 있다. 반면 과학, 사회, 역사 등등의 과목은 선택 과목 영역에 개설되어 있으며 비중은 크지 않다.

　　교육과정 운영에 있어 관심 사항의 하나는 '동일 과목의 경우, 특히 국어, 수학 등의 과목의 경우 전환학년기와 그 이후 과정과의 연관성을 어떻게 설정하는가'의 문제다.

수학의 경우는 전환학년제 이후의 연관성을 반영하여 교육내용을 선정한다고 한다. 사실상 수학을 고등학교 3년 동안 배우는 것과 같은 효과다. 수학에 있어서는 전환학년제의 특이점은 없다고 볼 수 있다. 무려 1년 동안 수학 학습을 중단하는 교육과정을 설계하기는 어렵기 때문에 당연한 결과다.

언어(국어) 과목의 경우, 전환학년 동안에는 연극, 드라마 등 좀 더 자유로운 학습 내용을 운영할 수 있게 된다. 이런 요소들이 들어오는 것은 있지만 근본적으로 문학과 언어 학습이 단절되는 것은 아니다. 드라마나 연극 연습을 하는 등 체험 위주의 수업도 있지만 그냥 영어 본문을 읽고 해석하는 수준의 수업 역시 이루어지고 있다.

과학의 경우는 전환학년 동안 우리의 공통과학처럼 화학, 생물, 물리를 조금씩 나누어서 공부를 하고 고등과정에서는 졸업시험을 위한 선택과목을 본격적으로 이수하게 된다.

전환학년 코디네이터가 "일반 주지 교과의 경우 전환학년의 교실에서 획기적으로 다른 점은 없다"라고 말하듯이 언어, 수학, 과학 등의 학습을 중단할 수 없고 비록 학생 참여 수업 등 일부 수업 형태에는 변화가 있을 수 있어도 해당 학년에 맞는 일정 수준의 학습을 중단할 수는 없는 것이다. 이 점이 전환학년제의 현실적인 문제다.

아일랜드 교육부의 가이드라인에서는 우리의 일반적인 인식과 달리 전환학년 동안 주지과목의 계속적인 유지의 중요성을 강조하고 있다.[14] 다만 시험에 대비하기 위한 학습이 아니라 체험하고 토론하고 직접 프로젝트를 수행하는 방식의 수업을 강조한다. 아일랜드 교육부는 '통합 학

14　Department of Education and Science, 『*Transition Year Programmes-Guidelines for Schools*』 (Ireland, Department of Education and Science, 1993)

습, 활동중심 학습, 팀티칭, 모둠 학습, 프로젝트 학습, 책임 학습, 현장 학습, 직업체험' 등의 교수학습 전략을 제안한다.

그러나 이런 과목들을 제외하면 전환학년제의 특징은 매우 뚜렷하게 나타난다. 매주 선택과목 13시간, 프랙티컬 스킬이 4시간, 건강 보건 2시간, 체육활동 3시간, 외부 특강 2시간, 학습지도 1시간 등이 있으며, 특히 선택과목 13시간은 외국어, 요가, 춤, 웹디자인, 요리 등 다양한 직업 분야를 이해할 수 있는 과목이 운영되기 때문에 자기의 관심사를 찾아보는 교과형 진로학습이 이루어진다.

이처럼 전환학년제는 주지과목 위주의 전통적인 커리큘럼 이외에 다양한 직업 분야와 관련된 폭 넓은 실용적 분야를 선택 교과로 개설하여 운영하는 것이 특징이다. 또한 4주간의 직업체험도 중요한 특징이다.

직업체험

전환학년제의 핵심적인 요소는 직업현장 체험이다. 직업체험(Work Experience)은 보통 봄, 가을 두 차례로 나누어서 2주씩 총 4주를 실시하게 된다. 실습 장소는 학생이 직접 구해야 한다. 체험 기관은 슈퍼마켓부터 대형 회사까지 다양하다.

아일랜드 마이크로소프트사는 공식적으로 직장체험과 인턴십 프로그램을 운영하고 있다. 회사 관계자는 "기업의 지역사회 공헌차원에서 실시하고 있다"고 그 취지를 강조한다.

실습 동안에는 일정한 양식에 따라 실습 과정을 기록하고 기업 담당자의 코멘트도 하도록 되어 있다. '체험 동안에 무엇을 배우는가' 하는 것은 학생의 적극적인 의욕과 관심에 달려 있다고 볼 수 있다.

학생 개개인의 실습 장소를 구하는 것은 쉬운 일이 아니어서 실제로는 부모나 부모 친구의 협조에 의해 구하는 경우가 많다고 한다. 한 학생은 엄마가 다니는 보험회사에서 실습을 하고 있었는데 다행히 장래희망이 보험 계리사라고 했다.

법대와 의대를 고민하던 한 학생은 변호사 사무소와 병원 등 두 군데의 실습을 거쳐서 자기 적성이 의사라고 판단해 의대에 진학할 준비를 하고 있다고 했다. 수의사를 희망하는 한 학생은 동물병원에서 실습을 하고 있었다.

의미와 한계

아일랜드 전환학년제는 전통적인 주지과목에 대한 학습의 중요성을 강조하는 입장을 완전히 뒤집지는 못한다. 국어, 영어, 수학, 유럽어 등의 과목을 주당 4시간씩 배정하고 있는 것을 보면 우리와 큰 차이가 없음을 알 수 있다. 그럼에도 고등학교 과정에 직업체험, 직업과 연관된 다양한 선택과목, 포트폴리오, 프로젝트 학습 등을 통한 진로교육적인 요소를 대폭적으로 도입했다는 점에서 큰 의미를 둘 수 있다.

학생들은 전환학년을 휴식기로 본다. 재미없는 주지과목 대신에 활동적이고 참여적인 학습, 시험 부담의 경감 등에 기인하는 것이라 할 수 있다.

전통적인 주지과목의 학습을 강조하거나 프로젝트 학습 등 새로운 교수학습 방식에 익숙하지 않은 교사들은 전환학년제에 대해 비판적이기도 하다.

수월성에 입각한 측면에서 전환학년 동안의 학습결손을 우려하는 사립학교나 학생은 전환학년제를 선택하지 않고 있다. 수도인 더블린에는 중등학교 과정 중 고등과정 즉 5, 6학년 과정만 운영하는 2년제 학교가 있는데, 이 학교에는 전환학년제를 선택하지 않은 많은 학생들이 중학 과정을 마치고 전학을 온다. 이 학교의 지향 목표는 학문적 수월성에 두고 좋은 대학의 진학을 목표로 하는 학생들의 졸업시험 준비에 초점을 맞춰 교육을 실시하고 있다.

김경미,《한국 근대교육의 형성》, 혜안, 2009.

김경용,《과거제도와 한국 근대교육의 재인식》, 교육과학사, 2003.

김영모,《한국 권력 지배층 연구》, 고헌출판부, 2009.

김영모,《조선 지배층 연구》, 고헌출판부, 2002.

김삼웅,《조소앙 평전》, 채륜, 2017.

김인희,《교육복지와 학교 혁신-교육소외 극복을 위한》, 한국학술정보, 2019.

김태웅,《신식 소학교의 탄생과 학생의 삶》, 서해문집, 2017.

C. 라이트 밀스, 정명진(역),《파워 엘리트》, 부글북스, 2013.

리처드 리브스, 김승진(역),《20 VS 80의 사회》, 민음사, 2019.

로버트 D. 퍼트넘, 정태식(역),《우리 아이들》, 페이퍼로드, 2017.

마이클 크로우, 위리암 다바스. 한석수 외(역),《새로운 미국 대학 설계》, 아르케, 2017.

밀턴 프리드먼, 심준보 외(역),《자본주의와 자유》, 청어람미디어, 2007.

매튜 스튜어트, 이승연(역),《부당 세습》, 이음, 2019.

백낙준,《한국교육과 민족정신》, 문교사, 1972.

손인수,《한국근대교육사 1885-1945》, 연세대학교출판부, 1971.

송찬섭,《서당, 전통과 근대의 갈림길에서》, 서해문집, 2018.

시기자 외,《세계 각국의 대학입시제도 연구》, 한국교육과정평가원, 2018.

마월철, 한용진(역),《한국 근대대학의 성립과 전개》, 교육과학사, 2001.

이광린,《한국 개화사 연구》, 일조각, 1999.

이원호,《개화기 교육정책사》, 문음사, 1983.

이철승,《불평등의 세대》, 문학과지성사, 2019.

윌리엄 데레저위츠, 김선희(역),《공부의 배신》, 다른, 2015.

장 자크 루소, 최석기(역), 《사회계약론》, 동서문화사, 2016.

정순우, 《서당의 사회사》, 태학사, 2013.

조지 켈러. 박중서(역), 《미국 최고의 대학은 어떻게 만들어지는가》, 뜨인돌, 2006.

조지프 히스, 노시내(역), 《자본주의를 의심하는 이들을 위한 경제학》, 마티, 2009.

토마 피케티, 장경덕(역), 《21세기 자본》, 글항아리, 2014.

토마 피케티, 안준범(역), 《자본과 이데올로기》, 문학동네, 2020.

한국교육문제연구소, 《문교사 1945-1973》, 중앙대학교출판부, 1974.

한국학중앙연구원, 《한국민족문화대백과사전》, https://encykorea.aks.ac.kr/

한영우, 《과거, 출세의 사다리》, 지식산업사, 2013.

후루카와 아키라, 이성옥(역), 《구한말 근대학교의 형성》, 경인문화사, 2006.

〈외국 문헌〉

CLARK, David L.; ASTUTO, Terry A. The significance and permanence of changes in federal education policy. Educational Researcher, 1986, 15,8: 4-13.

CROSS, C. T. The United States Department of Education at 25: A History remembered. Education Week, 2004, 24,8: 40.

Department of Education and Science, Transition Year Programmes-Guidelines for Schools. Department of Education and Science, Ireland, 1993.

HERNÁNDEZ, Michele A. A is for admission: The insider's guide to getting into the Ivy League and other top colleges. Grand Central Publishing, 2010.

HERNÁNDEZ, Michele A. Acing the College Application: How to Maximize Your Chances for Admission to the College of Your Choice. Random House Digital, Inc., 2007.

GOLDEN, Daniel. The price of admission: How America's ruling class buys its way into elite colleges-and who gets left outside the gates. Crown Publishing Group/Random House, 2006.

KARABEL, Jerome. The chosen: The hidden history of admission and exclusion at Harvard, Yale, and Princeton. Houghton Mifflin Harcourt, 2006.

KRAMER, Stephen; LONDON, Michael. The new rules of college admissions: Ten former admissions officers reveal what it takes to get into college today. Simon and Schuster, 2006.

KURSH, Harry. The United States Office of Education: A Century of Service. Chilton Books, 1965.

JEFFERS, Gerry. The Transition Year programme in Ireland. Embracing and resisting a curriculum innovation. The Curriculum Journal, 2011, 22.1: 61-76.

STALLINGS, D. T. A brief history of the United States department of education. Durham, NC: Center for Child and Family Policy, Duke University, 2002.

SPRINGER, Sally P, Jon, Reider, and Marion R, Franck, Admissions matters. San Francisco, Jossey-Bass. 2009.

STEINBERG, Jacques. The Gatekeepers. New York: Penguin Group, 2002.

〈사진 출처〉

22p 사진 ⓒ 국민일보
27p 사진 ⓒ 뉴시스/ 뉴스뱅크
119p 사진 ⓒ 미네르바 스쿨
207p 사진 ⓒ Media News Group/ Orange County Register Via Getty Images/ 게티이미지 코리아

사회적 교육정책을 위한 경험적 소론
개천의 용, 공정한 교육은 가능한가

초판 1쇄 발행 2021년 9월 23일

지은이 박성수

펴낸이 김현숙 김현정
디자인 정계수
사진 진행 북앤포토
펴낸곳 공명
출판등록 2011년 10월 4일 제25100-2012-000039호
주소 03925 서울시 마포구 월드컵북로402. KGIT센터 9층 925A호
전화 02-3153-1378 | **팩스** 02-6007-9858
이메일 gongmyoung@hanmail.net
블로그 http://blog.naver.com/gongmyoung1
ISBN 978-89-97870-56-1(03370)